Kinder wollen lernen

Jeanette Stark-Städele

Kinder wollen lernen

Kinder im Schulalltag unterstützen und begleiten

urania

Jeanette Stark-Städele unterrichtet an einer Fachschule für Erzieherinnen. Sie ist langjährige Redakteurin, Übersetzerin und Autorin von zahlreichen Sachbüchern. Ihre Themenschwerpunkte sind Familienratgeber, Pädagogik, Psychologie und Gesundheit. Sie lebt mit ihrer Familie in Oberschwaben.

Bisheriger Titel: Spaß am Lernen – erfolgreich in der Schule

www.urania-verlag.de; www.herder.de

Umschlaggestaltung: Verlag Herder
Umschlagmotiv: © contrastwerkstatt – Fotolia.com
Redaktion: Anke Scheffler, Berlin
Redaktion der Neuauflage: Dr. Ulrike Voigt, Stuttgart
Satz: Grafikstudio Scheffler, Berlin
Herstellung: Graspo, Zlín
Printed in the Czech Republik

ISBN 978-3-451-66048-1

Einleitung

Kinder wollen lernen – und sie tun dies, wenn man die richtige Umgebung schafft, von klein an mit Eifer und Wissbegier – zu Hause, im Kindergarten, in der Natur. Sie freuen sich darauf, in die Schule zu kommen. Doch leider gesellen sich manchmal schon in den ersten Monaten der Schulzeit Unbehagen, Ängste und Stress zu der Lernfreude. Manches Kind erlebt, dass es in der Schule nicht so leicht und problemlos lernt. Und nicht in jeder Klasse, vor allem in höheren Klassenstufen, ist die Lernatmosphäre gut.

Die Hausaufgaben greifen ins Familienleben ein – und die Eltern sind verunsichert. Sie wollen ihrem Kind helfen – doch in welcher Weise? Stellen sich nach einiger Zeit gar schlechte Noten ein oder hat man vielleicht auch das Gefühl, das eigene Kind sei gar nicht ausgelastet und sollte viel stärker gefördert werden, dann sind die meisten Eltern alarmiert.

Auf jeden Fall begleitet das Thema »Schule und Lernen« viele Familien kontinuierlich, und immer wieder stellen sich Fragen: Was können wir tun, damit unser Kind möglichst gut ist? Lernt es genug? Sollen wir bei den Hausaufgaben helfen? Müssen wir für Klassenarbeiten üben? Und wie können wir die richtigen Lerntechniken vermitteln?

Es gibt Untersuchungen, die besagen, dass Kinder ohne regelmäßige Hausaufgabenbetreuung durch die Eltern letztlich schulisch besser sind. Doch viele Eltern haben das Gefühl, »ohne uns geht es nicht«. Hier den Mittelweg zu finden, ohne täglichen Ärger, ohne dass die Beziehung belastet wird – dazu will dieses Buch den Eltern einen Weg aufzeigen.

Elterliche Unterstützung bedeutet nicht ständige Hausaufgabenhilfe oder Eingreifen im akuten Notfall, sondern Begleitung des Kindes in seinem Schulalltag. Da geht es nicht primär um Diktate üben, Vokabeln abfragen oder Rechenaufgaben lösen, sondern darum, dem Kind bei der Entwicklung der eigenen

Lernfähigkeit zu helfen. Es soll unterstützt, angeleitet und sinnvoll gefördert werden, damit es lernt, selbstbestimmt zu lernen, seine Stärken zu nutzen und sich seinen Schwächen zu stellen.
Das Lernen lernen: Die Eltern können ihr Kind dazu anleiten. Lernen ist etwas sehr Individuelles. Es gibt nicht die »perfekte« Lernmethode, die für jedes Kind genau die richtige ist.
Sichere, selbstbewusste Eltern können ihrem Kind viel mehr den Weg weisen. Dazu finden Sie in diesem Buch zahlreiche Anregungen, aber keine Patentrezepte. Sie erfahren Wichtiges über bestimmte Faktoren, die für das Lernen und einen erfolgreichen Schulbesuch bedeutsam sind. Damit sind Sie als Eltern sensibilisiert, auf die individuellen Voraussetzungen und Möglichkeiten Ihres Kindes zu achten. Sie werden besser erkennen, wo eine sinnvolle Unterstützung ansetzen und wie sie aussehen könnte. Diese hat mehr mit einer bestimmten Erziehungshaltung, mit der Beziehung zum Kind und der Atmosphäre in der Familie zu tun als mit konkretem »gemeinsamen Lernen«.
Das Kind wach zu machen für die vielfältigen Dinge des Lebens, sein Selbstvertrauen zu stärken, ihm beizubringen, seinen Alltag bewusst wahrzunehmen und sich anzustrengen, sind für ein erfolgreiches Lernen letztlich wichtiger als der perfekte Arbeitsplatz oder das multimediale Lernprogramm.
Wenn Sie Ihrem Kind noch Anregungen für die Entwicklung individueller Interessen über die Schule hinaus geben, so dass es sich in seiner Persönlichkeit, in seinen Fähigkeiten erkannt und geschätzt weiß, wird es zu einem offenen, lernfreudigen und leistungswilligen Menschen heranwachsen.

Jeanette Stark-Städele

Schule geht uns alle an!

Der Schulerfolg eines Kindes ist – gerade in unserem Lande trotz aller Diskussionen und Bemühungen um Chancengleichheit – stark vom Elternhaus abhängig. Die Eltern schaffen ein Umfeld, das die Voraussetzungen für die so bedeutsame frühkindliche Entwicklung bildet. Engagierte Eltern zeigen nicht nur Interesse und freuen sich an den Lernfortschritten ihres Kindes, sondern begleiten es auf seinem täglichen Weg. Sie ermuntern, stehen ihm zur Seite und geben Hilfestellung – wenn es erforderlich ist. Durch ihre eigene Freude an der Arbeit sind sie ihrem Kind ein wertvolles Vorbild und führen es durch kulturelle wie soziale Unternehmungen in die Vielfalt unserer heutigen Welt ein.

»Ich freue mich auf die Schule«

Eine erfolgreiche und schöne Schulzeit hat ihre Wurzeln lange vor der Einschulung. Forscherdrang, Neugierde, Lebensfreude lassen das Kleinkind Schritt für Schritt seine Fähigkeiten ausbauen und die Voraussetzungen entwickeln, die es für den Schulbesuch braucht. Wenn es zu Hause und im Kindergarten genügend Anregungen und Experimentierfelder erhalten hat und mit Selbstvertrauen neue Dinge anpackt, dann kann es mit fünf, sechs Jahren kaum erwarten, endlich ein »richtiges« Schulkind zu werden. Ist es zudem in ein sicheres soziales Netz mit Freunden und verlässlichen Beziehungen eingebunden, wird es den neuen Schritt sicher meistern.

Schaffen Sie im Familienalltag von Anfang an klare Strukturen.

Wann ist ein Kind reif für die Schule?

Während Kinder noch vor einigen Jahren gerne »zurückgestellt« und erst mit sieben Jahren eingeschult wurden, ist heute ein entgegengesetzter Trend zu verzeichnen. Doch lassen Sie sich nicht verunsichern – schulen Sie Ihr Kind dann ein, wenn es »schulreif« ist. Ob das nun mit fünf, sechs oder sieben Jahren geschieht, ist zweitrangig.
Erst wenn es die für die Schulreife erforderlichen körperlichen, sozialen und kognitiven Fertigkeiten erlangt hat, kann es in der Schule erfolgreich sein. Dann aber unterstützen Sie seine Vorfreude und seinen Stolz. Mit dem »Ernst des Lebens« wird heute glücklicherweise kaum noch gedroht. Schüren Sie aber auch keine zu hohen Erwartungen – Ihr Kind wird in der Schule nicht nur Spaß haben. Stärken Sie es und versichern Sie ihm, dass es diese neue Herausforderung meistern wird.
Wenn Sie die folgenden Punkte bedenken bzw. beherzigen, ist Ihr Kind bestens für den Schulstart und erfolgreiches Lernen gerüstet.

Ein gelungener Start ins Schulleben:

- Stimmen Sie Ihr Kind positiv auf die Schule ein.
- Achten Sie darauf, dass es kleine alltägliche Aufgaben selbstständig erledigen kann.
- Fördern Sie sein Sprachvermögen und seinen Wortschatz und ermutigen Sie es, Wünsche und Fragen immer klar zu äußern. Achten Sie auch darauf, ob es verbalen Anforderungen nachkommen kann.
- Fördern Sie, wo immer es möglich ist, die Lust und die Freude, Neues zu lernen.
- Schulen Sie im Alltag auch seine Bereitschaft, sich anzustrengen und nicht gleich aufzugeben.
- Vermitteln Sie ihm dabei dank seiner Erfolgserlebnisse das Selbstvertrauen und die Zuversicht, auch schwierig erscheinende Aufgaben meistern zu können.
- Setzen Sie Ihrem Kind im Alltag klare Grenzen und erwarten Sie konsequent, dass es sich an Regeln hält.
- Fördern Sie seine sozialen Kompetenzen durch Spielmöglichkeiten mit anderen Kindern und beobachten Sie, ob es sich in Gruppen einordnen kann.
- Richten Sie ihm zu Hause einen schönen und ruhigen Arbeitsplatz ein.
- Üben Sie gemeinsam den Schulweg.
- Packen Sie die Schultasche anfangs abends immer gemeinsam.
- Zeigen Sie Interesse an den neuen Klassenkameraden.
- Äußern Sie sich niemals negativ über Lehrer.
- Zeigen Sie Ihre Bereitschaft, sich in der Schule zu engagieren.
- Sorgen Sie für ein ausgewogenes Frühstück und ein gesundes Pausenvesper.

Denken Sie daran: Die Schule ist der »Arbeitsplatz« Ihres Kindes.

Warum die Freude manchmal bald nachlässt

Doch trotz bester Voraussetzungen und familiärem Interesse lässt bei manchem Erstklässler die Schulbegeisterung irgendwann nach. Wenn die Schultüte leer gegessen ist, der Schulalltag zur Gewohnheit geworden und das morgendliche Aufstehen lästig wird, würde es lieber wieder das freiere Kindergartenleben genießen. Eigentlich ist es kein Wunder. Schließlich soll es nun mehrere Stunden am Tag still sitzen, zuhören und sich konzentrieren. Zudem muss es sich in eine Gruppe einfügen, hat vielleicht mit manchen Mitschülern so seine Probleme und merkt, dass es Kinder gibt, die manches besser können als es selbst. Andere Kinder sind von dem Zusammensein mit den vielen Mitschülern überfordert oder sehen ihre vorrangige Aufgabe darin, sich im Schulalltag zu behaupten.

Die Vorstellungen der Eltern

Das Leben ist nicht nur Schule. Ihr Kind soll spielen und Kind sein dürfen.

Und sicher gibt es zu Hause weitere Fragen: »Was hast du heute gelernt, was kannst du schon …?« Erwartungsdruck und Frustration stellen sich auf diese Weise nicht selten schon frühzeitig ein. »Groß« zu sein und »fleißig« zu lernen kann daher auch überfordern. Jedes Kind ist eine individuelle Persönlichkeit, und manches hat schon einen hohen Anspruch an sich selbst. Dann besteht die Gefahr, dass sich sogar Ängste ausbilden. Seien Sie hier als Eltern sehr sensibel, achten Sie auf Ihr Kind und Ihre Erwartungen, um solchen Entwicklungen unbedingt vorzubeugen.
Das gilt auch, wenn im Familienleben »der Ernst des Lebens« nach der meist freudigen Einschulung bald heftig zuschlägt. Das Problem »Hausaufgaben« wird oft als Erstes offensichtlich – denn Hausaufgaben bleiben trotz der Zunahme von Ganztagsschulen (siehe Seite 45 ff.) ein »heißes« Thema. Dabei

hat jeder Schüler seine eigene Taktik: Während manche sie gern und schnell erledigen, vertrödeln andere Stunden damit, wieder andere schludern schnell was hin, manche haben nie »was auf« oder schreiben morgens schnell noch vom Nachbarn ab.
Jedes Kind entwickelt vom ersten Schultag an seine ganz eigene Schulgeschichte, die sein Lernen wesentlich beeinflusst. Dazu gehören neben den sozialen Faktoren im Schulleben und den stofflichen Anforderungen auch die familiären Bedingungen und die Reaktionen auf seine Erfahrungen.
Machen Sie sich dieses Bündel verschiedenster Faktoren, die nun auf Ihr Kind einwirken, einmal bewusst, und lassen Sie es nicht zu, dass Ihr Kind schon früh durch bestimmte Bedingungen unter Stress gerät. Stellen Sie selbst vor allem keine zu hohen Erwartungen. Erzählen Sie ihm nicht jetzt schon, wie wichtig es ist, gute Noten zu haben, um später im Leben erfolgreich zu sein.

Der erste Schultag ist für Kinder eine komplett neue Erfahrung.

Geduld und Rückhalt

Wenn Ihr Kind Anlaufschwierigkeiten hat, nicht alles gleich begreift oder einfach nur spielen will, dann schimpfen Sie auf gar keinen Fall. Ihr Kind hat so viel Neues zu bewältigen. Es muss sich in ein unbekanntes soziales Umfeld einleben und sich unter vielen Gleichaltrigen behaupten – da braucht es Rückhalt und Stärke, noch keine Kritik. Haben Sie Geduld und geben Sie ihm Zeit, in die neue Aufgabe hineinzuwachsen, um Selbstbewusstsein und -vertrauen zu entwickeln.
Sollten Sie jedoch schon frühzeitig erhebliche Bedenken haben, ob es den Anforderungen gewachsen sein wird, dann suchen Sie baldmöglichst das Gespräch mit der Lehrerin.

Schule in der öffentlichen Diskussion

Pisa, Bildungsvergleiche, Stimmen aus der Wirtschaft über unzureichende Beherrschung der grundlegenden Kulturtechniken bei Schulabgängern, mangelnde Studierfähigkeit – die Stimmen, die unser Schulsystem kritisieren, sind laut und teilweise sicher berechtigt. Neue Schulformen, neue Lernmethoden sollen Abhilfe schaffen, doch ist es fraglich, wie schnell und effizient sich das in allgemein besseren Schülerleistungen niederschlagen wird. Und manch neue Methode, wie zum Beispiel das Schreibenlernen nach der Anlauttabelle, wirft zudem neue Probleme auf.
Gesellschaftliche Entwicklungen, die ihrerseits auch das Lernverhalten und die Lernfähigkeit der Kinder verändert haben, spielen mit Sicherheit eine Rolle. Klar scheint jedoch: Die Leistungen müssen besser werden. Doch wie das geschehen soll – mit welchen Schulformen, pädagogischen Konzepten, Lern- und Lehrmethoden sowie Arbeitsmaterialien – darüber wird wohl noch längere Zeit viel und kontrovers diskutiert und gestritten. Ihrem Kind bringt dies kurz- und mittelfristig für seinen Schulerfolg wenig. Was an neuen Unterrichtskonzepten und -formen in einer Klasse umgesetzt wird, entscheidet jedoch schlussendlich jede Schule und jede Lehrerin für sich.
Liegt damit letztlich die Verantwortung dafür, wie erfolgreich Ihr Kind durch die Schule kommt, vielleicht doch bei Ihnen als Eltern?
Auf jeden Fall: Alle Schultage zählen und die ersten Jahre stellen, zusammen mit dem Bildungsumfeld des Elternhauses, nach wie vor die Weichen für die Schullaufbahn; manchmal für den späteren Berufsweg. Daher sind weiterhin die Eltern gefragt, sie haben auch das größte Interesse, ihr Kind optimal zu unterstützen. Positive Entwicklungen in der Schule und förderliche Lernkonzepte sind dabei eine wichtige und willkommene Grundlage.

Wie Ihr Kind lernt, welche Stärken es hat und welche Arbeits- und Lernmethoden ihm am hilfreichsten sind, wissen Sie selbst bald am besten und können es darin gezielt fördern. Ebenso können Sie bei Schwächen individuell fördern, im Idealfall natürlich im Gespräch und mit Begleitung durch die Lehrer. Daher wird in diesem Ratgeber auf Debatten über geeignete Schulformen und schulische Lernmethoden verzichtet. Sie erhalten ganz konkrete Informationen, Hinweise und Tipps, wie Sie Ihr Kind, unabhängig von der Schulform, beim Lernen unterstützen können.

Sind Schüler heute anders?

Lehrer müssen sich heute zunehmend mit Erziehungsfragen beschäftigen.

Frech, unerzogen, unselbstständig, nicht motiviert und für fast nichts zu interessieren seien viele Schüler heute und zwar schon in der Grundschule – so klagen die Lehrer, die ansonsten ihrerseits für die Bildungsmisere verantwortlich gemacht werden. Und die Praxis zeigt tatsächlich, dass Lehrer sich zunehmend mit Erziehungsfragen und organisatorischen Dingen statt mit Lerninhalten beschäftigen müssen. Nicht wenigen Kindern fehlen wesentliche Voraussetzungen für das Lernen, für die Schulreife. Schüler, die vom Stoff gefesselt zu Hause selbst in Büchern recherchieren, in der Natur forschen oder Modelle bauen, sind heute oft eher Ausnahmen als die Regel.

Eine veränderte Kindheit

Unsere Gesellschaft hat sich verändert und damit die Kindheit. Die Kleinfamilie und die insgesamt niedrige Kinderzahl haben die »Individualisierung« der Kindheit mit sich gebracht. Kinder spielten früher Nachmittage lang mit anderen auf der Straße oder im Hof, hatten nicht nur Spaß und Bewegung, sondern teilten Wissen und Erlebnisse und schulten dabei auch ihre soziale Kompetenz. Sie waren in ihrer »Vorschulbildung« weit weniger abhängig vom Elternhaus und kamen dann mit einem ähnlichen Erfahrungsschatz und Vorwissen zur Schule.

Unterschiede in der Vorbildung

Heute unterscheiden sich Wissen, Erfahrung und Bildung zwischen gleichaltrigen Kindern bei der Einschulung enorm und können durch die Schule selten mehr ausgeglichen werden. Da gibt es Kinder, die die ersten sechs Lebensjahre weitgehend vor Fernsehen und Computer zubrachten, und andere, die schon Geige spielen, viel von der Welt gesehen und manches Museum besucht haben. Ferner gibt es Kinder, die die Grundsätze des Umgangs miteinander nicht kennen und von den Eltern morgens nicht einmal zum Schulbesuch geweckt werden.

Es gibt Familien, in denen die Eltern Hilfe brauchen.

Fachleute schätzen, dass sich bis zu 20 Prozent der Eltern wenig für die Grundversorgung ihrer Kinder und die Schule interessieren. Das hat zur Folge, dass diese Kinder ohne Frühstück, ohne unzureichenden Schlaf und Schulmaterialien, geschweige denn vorbereitet und motiviert in die Schule kommen.

Die Sorgen der Pädagogen

Lehrerinnen und Lehrer haben damit heutzutage vom ersten Schultag an kleine Persönlichkeiten mit höchst unterschiedlichen Kenntnissen, Interessen und Fähigkeiten vor sich. Und all diese sollen nun auf einem Niveau und nach einer Methode unterrichtet werden – wo die einen gar nicht zuhören können und die anderen schon über vielfältiges Detailwissen und nützliche Arbeitstechniken verfügen. Konzentrationsvermögen, Anstrengungswillen und Motivationsbereitschaft – das besitzen nicht

Differenzierender Unterricht

Drei bis vier Entwicklungsjahre liegen die Schüler in der gleichen Grundschulklasse oft auseinander. Um diese so unterschiedlichen Vorschulbedingungen etwas auszugleichen, sind heute das Pflichtkindergartenjahr und eine engere Zusammenarbeit von Kindergarten und Eingangsklassen oder auch die Schaffung von »Bildungshäusern« im Gespräch. Differenzierender Unterricht in der Grundschule soll dann auf die verschiedenen Niveaus eingehen. Dabei hat auch die Grundschule selbst einen immer höheren Bildungsanspruch. Den Kindern soll in der Grundschule nicht nur Lesen, Schreiben und Sachthemen beigebracht werden, sondern auch überfachliche Fähigkeiten zum selbstständigen und selbstbestimmten Lernen und Arbeiten, zur Leistungsbereitschaft und zum sozialen Miteinander.

alle Kinder. Zudem sind die Lehrer heute per se keine Autoritätspersonen mehr, d. h. es wird nicht mehr selbstverständlich gemacht, was sie sagen. Stattdessen sind Respektlosigkeit, Aufsässigkeit, oppositionelles Verhalten an der Tagesordnung. Wie soll Unterricht stattfinden können, wenn es oft nur noch darum geht, sich überhaupt Gehör zu verschaffen? Wie kann man eine konstruktive Teamarbeit mit Schülern aufbauen? Besonders gravierend ist es, wenn auch im Elternhaus vor dem Kind über den Lehrer negativ geredet wird – was leider keine Seltenheit ist.

Die Basis für guten Unterricht ist ein respektvolles Verhältnis zu den Lehrern.

Schule, so klagen Pädagogen, soll heute zunehmend die grundlegende Erziehung und Versorgung der Kinder leisten – von der Vermittlung von Benehmen ganz zu schweigen. Dies geschah früher ohne viel Aufhebens in der Großfamilie.

Unterstützung durch das Elternhaus ist notwendig, wie eh und je.

Voraussetzungen für eine erfolgreiche Schullaufbahn:

- Die Prägung durch das Elternhaus ist für eine erfolgreiche Schullaufbahn heute zu einem großen Teil ausschlaggebend.

- Das Kind muss eine grundlegende Erziehung mit Ritualen erlebt haben wie z. B.
  - liebevolle Zuwendung und Interesse,
  - gemeinsame Freizeitgestaltung,
  - eine ausgewogene, gesunde Ernährung mit gemeinsamem Frühstück oder Abendbrot,
  - geregeltes Zubettgehen,
  - eingeschränkter Medienkonsum.

- Seine normalen Bedürfnisse müssen also zuverlässig erfüllt werden. Daneben sollten ihm grundlegende Werte vermittelt worden sein wie:
  - Pflichtgefühl,
  - Zielstrebigkeit,
  - Anstrengungsbereitschaft,
  - Respekt,
  - Benehmen,
  - Hilfsbereitschaft.

- Hat es verschiedene Interessen entwickelt und einen Einblick in vielfältige Lebenswelten erhalten, so wird es ihm auch möglich sein, eigene Zielsetzungen zu entwickeln, Probleme aus verschiedenen Blickwinkeln zu betrachten, Lösungsmöglichkeiten zu suchen und damit zielstrebig und effektiv zu lernen und Zusammenhänge selbstständig zu erkennen.

Die Bedeutung der Familie für die Schule

Das Elternhaus hat für den schulischen Erfolg eines Kindes eine hohe Bedeutung. Eine stressfreie und erfolgreiche Schulzeit kommt nicht von selbst. Untersuchungen zeigen, dass Eltern und Schüler dafür einiges tun können und müssen.
Der Schulerfolg des Kindes hängt eng mit dem Interesse und dem Engagement der Eltern zusammen. Ein Großteil der Eltern kontrolliert die Hausaufgaben und hilft auch regelmäßig dabei, übt mit den Kindern auf Tests oder Klassenarbeiten. Zudem zeigt der riesige Markt an Lernhilfen, dass auch zu Hause einiges investiert wird.
Das wird von den Betroffenen keineswegs nur positiv gesehen. Ein Großteil der Eltern fühlt sich von den Aufgaben belastet, die ihre Kinder zu Hause erledigen müssen, empfindet das Familienleben gar als stark beeinträchtigt.

Feste Strukturen bieten den äußeren Rahmen für eine sinnvolle Einteilung des Tages mit Lern- und Freizeitphasen.

Kinder wünschen sich Zeit

Dabei kommt der Familie eine noch viel fundamentalere Rolle zu. Es geht nicht einfach nur um Hausaufgabenhilfe oder den richtigen Schreibtisch. Es geht um das Familienleben ganz allgemeiner Art, um Zuwendung, Aufmerksamkeit und Emotionalität. Kinder wünschen sich von ihren Eltern vor allem Zeit. Viel Zeit für Spiele, für gemeinsame Unternehmungen und für Gespräche.
Ist ein Kind mit all dem »gut versorgt«, dann hat es das notwendige Selbstwertgefühl, die Muße und das Interesse, sich auf die Schule und auf immer neue Dinge einzulassen. Es lernt mit Freude in der Geborgenheit eines sicheren Elternhauses und muss sich dann nicht vorrangig um seine Grundbedürfnisse bemühen. Ein Kind, welches sich geliebt fühlt, traut sich etwas zu. Das ist ausschlaggebend für Schulerfolg.

Das positive Vorbild der Eltern bewirkt Nachahmung.

Es geht letztlich um eine liebevolle Erziehung, um einen bewussten Erziehungsstil, der das Kind zum Lernen motiviert, der ihm Selbstständigkeit vermittelt und vielfältige Anregungen ermöglicht.
Und im Weiteren geht es um das Interesse der Eltern. Interessieren sie sich für die schulischen Belange und Lernfortschritte ihres Kindes, gehen sie zum Elternabend, wollen sie die Hefte auch so mal sehen und finden sie spannend, was man in der Schule lernt, dann schaffen sie eine Atmosphäre, in der das Lernen »gedeihen« kann.
Neben dieser grundlegenden Bedeutung der Familie für den Schulerfolg des Kindes sind es dann noch weitere gezielte Maßnahmen, z. B. die Vermittlung von individuellen Lernstrategien oder dem lerntypgerechten Arbeiten, die von Fall zu Fall hilfreich sein können (s. S. 74).

Lernen –
ein vielschichtiger Prozess

Vom ersten Lebenstag an lernt ein Mensch. Das Baby erst ganz nebenbei, das Kleinkind ziemlich ungestüm und das Vorschulkind voller Neugierde und Beharrlichkeit. Und später – ist dann das Lernen nur noch eine Last?
Im Allgemeinen verstehen wir unter dem Begriff »Lernen« nur das schulische Lernen. Doch Lernen ist ein vielschichtiger Prozess. Wir alle lernen ständig in den verschiedensten Bereichen. Lernen ist also mehr als »Pauken« und hat mit den Umständen und der Motivation zu tun. Was Lernen eigentlich bedeutet, wie es funktioniert und welche Faktoren dabei eine Rolle spielen, erfahren Sie in diesem Kapitel.

Kinder wollen lernen

Kinder sind von Natur aus neugierig. Sie wollen die Welt entdecken und erforschen. Ohne diesen inneren Antrieb, diesen Drang, würde kein Kind laufen, sprechen oder mit Legosteinen bauen lernen.

Lernen ist nicht kompliziert – wenn man weiß wie.

Spielen ist lernen, dieser Satz ist wohl bekannt, doch wie fundamental er für das Kleinkindalter ist, wurde in den letzten Jahrzenten gerade erst entdeckt. Spielerisches Lernen bedeutet letztlich den Erwerb und die Erweiterung von Verhaltensweisen und Fähigkeiten durch eigenes Tun, durch immer neue Erfahrungen. Auf diese Weise lernt das Kind im Alltag.
Lernen ist damit immer ein aktiver Prozess, in aller Regel wird er von eigenem Handeln begleitet oder ausgelöst.
Dieses Lernen ist, wie das Gehirn selbst, auf Problemlösungsstrategien ausgerichtet und nicht auf das Auswendiglernen von Fakten. Denn Auswendiglernen ist nicht gleichzusetzen mit Verstehen.

Das Gehirn in den ersten drei Lebensjahren

Vor allem in den ersten drei Lebensjahren entwickelt sich auf der Basis dieser aktiven Weltaneignung das Gehirn auf einzigartige Weise.
Das dreijährige Kind verfügt über rund 200 Billionen Synapsen, die als Kontaktstellen zu den Nervenzellen fungieren. Das sind doppelt so viele wie beim Erwachsenen.
Dank dieser Überkapazität an Speicherleistung ist das Gehirn besonders aufnahmefähig – jedoch nicht für gepauktes Wissen, sondern für das Sich-Aneignen der Lebenswelt und sozialer Kompetenzen.

Die Basis des Lernens

In einer an Angeboten reichen sozialen Umgebung lernt das Kind, vorausschauend zu denken und zu handeln, Folgen abzuschätzen, Probleme von mehreren Seiten zu beleuchten, seine Aufmerksamkeit auf eine Sache auszurichten und selbstständig Prioritäten zu setzen. Dazu gehört auch, dass es lernt, Fehler einzusehen, und beginnt, sie zu korrigieren. Und es konzentriert sich dabei jeweils auf genau die Lernbereiche, für die es von seiner gesamten Entwicklung her »reif« ist, für dessen Verständnis es also die kognitiven und körperlichen Voraussetzungen mitbringt. Diese Fähigkeiten entwickeln sich etwa in den ersten sechs Lebensjahren und sind die Basis für jegliche Lernprozesse in der Schule und im weiteren Leben.
In den Kitas und Kindergärten gibt es Bildungspläne für »Früherziehung«. Anstelle des einst überwiegenden Freispiels stehen heute vielfältige Aktivitäten bis hin zu Mathematikangeboten im Vordergrund. Denn Kinder sollen forschen, untersuchen, und sie tun dies mit Begeisterung. Das haben Sie sicher auch zu Hause schon festgestellt.

Lernen in Kindergarten und Schule

Wissensaneignung geschieht vor allem durch eigenes Entdecken.

Beim Lernen ist der ganze Mensch gefordert, mit allen Sinnen – und moderne Unterrichtsformen versuchen dies auch auf vielfältige Art zu berücksichtigen. Aber dennoch liegt auch heute der Schwerpunkt meist auf »kopflastigem« Unterricht, in dem Wissen vor allem kognitiv-auditiv vermittelt wird.
Schon in dem Begriff »Vermittlung« zeigt sich das ganze Problem: Stoff wird von einer anderen Person dem Kind sozusagen herübergereicht, es entdeckt, erfährt dabei die Wissensinhalte weniger durch eigenes Forschen und Tun. Dies steht in Widerspruch zu der oben ausgeführten Art der Entwicklung in den

ersten sechs Lebensjahren. In dieser Zeit lernen Kinder selbstbestimmt, sie entdecken mit ihrem angeborenen Forscherdrang die Welt und durchlaufen individuelle Lernprozesse. Sie sind also immer motiviert zu lernen und können ihrer Fantasie und Kreativität in einer anregenden Umgebung freien Lauf lassen.

In der Schule wird anders gelernt

In der Schule wird Wissen immer noch vor allem theoretisch präsentiert.

Trotz aller Bemühungen um ganzheitlichen Unterricht und Methodenvielfalt soll das Kind in der Schule doch zunehmend durch Zuhören lernen - und zwar das, was auf dem Stunden- bzw. Lehrplan steht. Das ist ein fundamentales Problem. Denn das Kind lernt nun nicht mehr aus eigener Motivation heraus gerade das, was es interessiert und wofür es »reif« ist, sondern es soll sich für etwas interessieren, was von außen bestimmt wird. Die Motivation muss nun also zunehmend auch von außen geweckt werden. Dies wird in der Schule dadurch versucht, dass Lerninhalte weiterhin möglichst handlungs- und praxisorientiert angeboten werden.
Zudem sollen die individuellen Fähigkeiten der einzelnen Kinder in einer Klasse ebenfalls berücksichtigt werden. Die Grundschulen versuchen durch differenzierenden Unterricht, durch Projekte, Wochenpläne und anderes mehr zu reagieren. Das verhindert jedoch nicht, dass dabei manche Kinder über-, andere unterfordert werden.

Eltern können durch spezielle Angebote ausgleichend wirken.

Wie Kindergarten und Schule reagieren

Wie bedeutsam die frühe Kindheit für die Bildungsbiografie eines Menschen ist, wurde vor allem in den letzten 20 Jahren deutlich und hat zu weitreichenden Veränderungen im Bildungswesen geführt. »Frühkindliche Bildung« lautet das Schlagwort, dank dessen für Kindergärten Orientierungs- und Bildungspläne ausgearbeitet und bislang nicht berücksichtigte Inhalte umgesetzt werden. Inzwischen wurde in Studien nachgewiesen, dass die weitere Entwicklung eines Kindes entscheidend davon abhängt, welche Fähigkeiten es bereits vor Schulbeginn erworben hat. Mehr noch: Für die Entwicklung der meisten Fähigkeiten, wie Rechtschreibfähigkeit, mathematische Kompetenzen, wissenschaftliches Denken oder sprachliches Gedächtnis, spielt die Schulart dann nur noch eine untergeordnete Rolle. Damit kommt der Förderung eines Kindes im Kleinkind- und Vorschulbereich eine unvergleichliche Bedeutung zu, die nach wie vor wesentlich bei den Eltern liegt, auch wenn der Kindergarten hier inzwischen eine wichtige Aufgabe übernimmt.

Eltern tragen wesentlich zum Lernerfolg ihres Kindes bei, können Motivation und Lernfreude stärken.

Auch die Bildungspläne der Grundschule haben sich verändert. Sie orientieren sich inzwischen weniger an Lerninhalten, die abgehakt werden, sondern an der Förderung und Entwicklung eines aktiven Lernens. Die Schüler sollen angeleitet werden, bestimmte Fähigkeiten und Fertigkeiten zu erlernen.

Nach diesem Grundsatz sollten Sie Ihr Kind auch zu Hause unterstützen.

Die Struktur des Gedächtnisses

Neben dem Lernerlebnis selbst, bei dem wiederum Motivation, Emotion und Konzentration eine bedeutsame Rolle spielen, gehört der langfristige Prozess der Gedächtnisbildung wesentlich zum Lernprozess dazu. Im Alltag lernt das Kind – und auch der Erwachsene –, indem es durch Denken und Handeln Aufgaben erledigt und bei bislang unbekannten Herausforderungen nach Lösungswegen sucht. Ähnlich sollen möglichst auch schulische Lernprozesse ablaufen. Solche Aktivitäten und Lernerfahrungen werden dann verinnerlicht, indem sie mehrmals wiederholt werden. Erst dann »sitzen sie im Schlaf«. Unserer Gedächtnis-

Das Kurz- und Langzeitgedächtnis

Unser Gehirn besteht aus 100 Milliarden Nervenzellen. Das Gedächtnis ist mehrschichtig aufgebaut und umfasst verschiedene Speicher, in denen Informationen entsprechend ihrer Relevanz »aufbewahrt« werden. Von den unzähligen Informationen, die wir im Laufe des Lebens erhalten, wird ein Teil fest eingespeichert und nie wieder vergessen (Ultralangzeitgedächtnis, z. B. der eigene Name und bestimmte Geräusche), andere bleiben sehr lange im Gedächtnis (Langzeitgedächtnis, z. B. Fähigkeiten wie Addieren, Schreiben), wieder andere vergessen wir nach kurzer Zeit (Kurzzeitgedächtnis) und einen Teil löschen wir praktisch sofort wieder aus unserem Speicher (Ultrakurzzeitgedächtnis).

bildung kommt neben der Aneignung von neuen Inhalten daher beim Lernprozess ebenfalls eine entscheidende Rolle zu. Richtig gelernt ist erst, was im Gedächtnis dauerhaft verankert worden ist und jederzeit situationsgerecht abgerufen werden kann. Doch wie geschieht das?

Die Gedächtnisstrukturen

Ultrakurzzeitgedächtnis

Im Ultrakurzzeitgedächtnis werden alle Sinneswahrnehmungen registriert; dort bleiben sie maximal 20 Sekunden, so lange, wie sie uns wichtig sind. Dann werden sie entweder durch neue ersetzt oder an das Kurzzeitgedächtnis weitergegeben.
Dieser erste Speicher funktioniert als eine Art erster Wahrnehmungsfilter, der wichtige und unwichtige Informationen praktisch unbewusst sortiert. Bei diesem Sortierprozess wirken je-

doch bereits die Erfahrungen mit, die im Langzeitgedächtnis abgelegt sind.

Kurzzeitgedächtnis

Das Kurzzeitgedächtnis ist ein Arbeitsspeicher. Informationen werden etwa 20 Minuten lang gespeichert und erfahren hier eine neuerliche Bewertung, bevor sie ins Langzeitgedächtnis gelangen oder wieder gelöscht werden. Informationen, die sich in diesem Speicher befinden, können nun bewusst »gelernt« werden oder trotz kurzem Lernen nach wenigen Stunden wieder vergessen sein. Dies zeigt sich z. B. daran, dass Vokabeln bei den Hausaufgaben nach mehrmaligem Durchlesen »gekonnt« werden, am Abend aber oft wieder vergessen sind. Das erste Abfragen fand dabei noch in der 20-Minuten-Phase des Verweilens im Kurzzeitgedächtnis statt, der Übergang ins Langzeitgedächtnis ist aber nicht erfolgt, sondern erfordert eine spätere nochmalige Wiederholung.

Langzeitgedächtnis

Für den Übergang vom Kurzzeit- ins Langzeitgedächtnis spielen verschiedene Bedingungen eine Rolle. Dabei kommt dem Hippocampus, einem entwicklungsgeschichtlich sehr alten Teil des Großhirns, wesentliche Bedeutung zu. Er ist verantwortlich für die grundlegende, bleibende Reizverarbeitung. Um hier Informationen dauerhaft zu verankern, sind Wiederholungen in regelmäßigen Abständen wichtig. Außerdem gelangen Informationen viel leichter ins Langzeitgedächtnis, wenn sie gleichzeitig über möglichst viele Eingangskanäle, d. h. Sinneswahrnehmungen, aufgenommen und wiederholt, also »gelernt« werden. Daher kommt dem »Lernen mit allen Sinnen« so große Bedeutung zu (s. S. 74).

Darüber hinaus erfolgt der Transfer ins Langzeitgedächtnis besser, wenn das Lernen bzw. die Informationen mit positiven Gefühlen verbunden sind (emotionales Gedächtnis). Denn Gedächtnis und Lernen sind nicht nur vom Hippocampus und Teilen von Großhirn und Großhirnrinde mit ihrer rationalen,

Positive Atmosphäre

Erfolgreiches Lernen und ein gutes Gedächtnis können nur in Verbindung mit angenehmen Gefühlen und eigenem Interesse an der Sache erreicht werden. Darum ist auch eine positive Atmosphäre so wichtig.
Diese Voraussetzungen können Sie ohne viel Mühe als Eltern zu Hause schaffen.

nüchternen Faktenaufnahme und -verarbeitung abhängig, sondern auch vom Mandelkern. Hier liegt unser emotionales Gedächtnis. Dies erklärt, warum Lernen und Wissensabruf nicht immer gleich »gut« funktionieren, sondern auch stark stimmungsabhängig sind. Wenn beim Lernen und bei Gedächtnisleistungen ein »emotionaler« Kurzschluss besteht, werden Informationen blockiert. Man hat das berühmte Brett vor dem Kopf!

Speicher- und Behaltensprozesse

Ausgewählte Informationen gelangen also aus dem Ultrakurzzeitgedächtnis ins Kurzzeitgedächtnis (Arbeitsspeicher); dort werden sie mit bereits vorhandenen Informationen »abgeglichen«, zu neuen Gedanken verknüpft, abgespeichert oder in Handlungen umgesetzt. Die Informationen werden dabei in entsprechende »Schubladen« in unserem Langzeitgedächtnis eingeordnet.

Zu viel Fernsehen oder PC-Nutzung bedeutet: weniger Raum für Lerninhalte.

Auch diese Speicher- und Behaltensprozesse müssen erst »eingeübt« werden. Je öfter sich diese Vorgänge wiederholen, desto öfter erfolgen sie immer schneller und fast automatisch. Bestimmte Grundmuster der Reizaufnahme und -verarbeitung werden angelegt, die ein rasches Wiedererkennen, auch bei ge-

ringen Abweichungen, ermöglichen. Auf dieser Grundlage sind wir positiv eingestellt, wenn uns etwas interessiert, wenn es eine besondere Bedeutung für uns hat.
Das weckt unsere Motivation. Wir wenden uns den Inhalten zu und richten unsere Aufmerksamkeit darauf. Dann erst bleiben die Informationen problemlos im Kurzzeitgedächtnis »hängen« und gelangen fast mühelos weiter ins Langzeitgedächtnis.

Der Langzeitspeicher hat nur eine begrenzte Tagesaufnahmekapazität.

Ohne Wiederholen geht es nicht

Für das »Merken« sind Wiederholungen an verschiedenen Stellen erforderlich. Vom Ultrakurzzeitgedächtnis gelangen die Informationen nur durch ständige Aktivierung ins Kurzzeitgedächtnis. Dann muss der »Stoff« im Kurzzeitgedächtnis ständig aktiv »wach gehalten«, d.h. wiederholt werden, z.B. durch lautes oder innerliches Vorsagen, Visualisierung, Schreiben usw., damit er schließlich ins Langzeitgedächtnis übergeht. Und auch wenn der Stoff im Langzeitgedächtnis ist, muss er immer wiederholt werden, um abrufbereit zu sein, sonst steht er nicht aktiv zur Verfügung. Dies ist der Vorgang der Automatisierung, der gerade für den Erwerb grundlegender schulischer Inhalte, wie Grundrechenarten, Lesen und Schreiben, von hoher Bedeutung ist. Daher »bringt« es viel mehr, Lerninhalte z.B. kontinuierlich täglich zehn Minuten zu üben, als einmal in der Woche eine Stunde.

Um diesen Abfall der Vergessenskurve auszugleichen, wird für Wiederholungen folgendes Schema empfohlen:
1. Wiederholung: nächster Tag
2. Wiederholung: nach drei bis vier Tagen
3. Wiederholung: nach zehn Tagen
4. Wiederholung: nach drei Wochen

Lernen und Motivation

Das kleine Kind lernt durch handelndes Erkunden.

Erfolgreiches Lernen setzt bestimmte Abläufe im Gehirn voraus (s. S. 25 ff.). Es basiert zusätzlich aber auch ganz stark auf Motivation und dem Wunsch, Neues zu erfahren, sowie auf den Emotionen, d. h. den Gefühlen, die man in der Lernsituation hat. Freut man sich, ist man entspannt und locker. Hat man andererseits das Gefühl, der Schulstoff habe gar nichts mit dem »wirklichen« Leben zu tun, und fragt sich der Schüler: »Wozu brauche ich das?«, dann fehlt die Motivation und damit die Freude. Wenn das Aneignen des Stoffs zudem noch Mühe erfordert, ist schnell Widerwillen da, und erfolgreiches Lernen ist kaum möglich.

Was ist überhaupt Motivation?

Motivation kommt vom Lateinischen »motivum«, was Beweggrund und Antrieb bedeutet. Was ist unser Antrieb zu lernen? Bei Babys und Kleinkindern kommt die Motivation aus ihnen selbst heraus. Intrinsische Motivation nennt man dies, sie ist die beste Form der Motivation. Ob diese Form erhalten bleibt, hängt stark vom Erziehungsverhalten der Eltern ab. Unterbinden Sie jeden Versuch Ihres Kindes, selbst etwas zu machen, begegnen Sie Ihrem Kind mit der Haltung »Lass das, das kannst du sowieso nicht …«, dann behindern Sie diese Motivation.

Wie können Sie motivieren?

Eine Erziehung zur Selbstständigkeit dagegen, mit großem Ansporn und positiver Ermutigung des Kindes, fördert diese eigene innere Motivation. Das wirkt sich auch in der Schule und überhaupt im späteren Leben aus: Das Kind geht zuversicht-

lich an Aufgaben heran, hat nicht von vornherein Angst, sie nicht zu bewältigen, es hat wenig Scheu vor Misserfolg.
Machen Sie Ihrem Kind Mut, neue Aufgaben anzugehen, die allerdings zu bewältigen sein müssen, sonst leidet es unter dem Misserfolg und ist frustriert. Dazu gehört, das Kind viel zu loben und zwar nicht nur für richtige Ergebnisse, sondern auch für sein Bemühen und seine Anstrengungsbereitschaft.

Ihr Kind kann schwierige Anforderungen meistern, wenn Sie es dazu ermutigen.

Gerade wenn ein Stoffgebiet dem Kind nicht gerade »zufliegt« und es bald automatisch abblockt mit Aussagen wie »Ich kann eben kein Mathe«, braucht es intensive Bestätigung. Nehmen Sie sich in diesem Fall die Zeit, sobald sich erste Schwierigkeiten zeigen, mit dem Kind schrittweise Aufgaben durchzugehen, und ihm dabei jeden seiner erfolgreich durchgeführten Schritte klar zu bestätigen. Dann entwickelt es positive Gefühle, es traut sich wieder etwas zu, und seine Motivation, sich auch an schwierige Aufgaben zu wagen, bleibt dank der Erfolgserlebnisse erhalten.

Die Rolle der Gefühle in der Neurobiologie

Wie viel der Mensch behält, ist also vor allem auch abhängig davon, wie intensiv er sich der Sache zuwendet, also wie aufmerksam er ist. Aufmerksam ist man dann, wenn man Spaß an einer Sache hat und sie einen wirklich interessiert.
Unser Aufnahmefilter öffnet sich gleichsam wie von selbst.
Auch die Übertragung neuer Inhalte und Erfahrungen in das Langzeitgedächtnis funktioniert besser, wenn diese wieder aktiviert werden. Zuverlässig und sofort erfolgt der Übergang ins Langzeitgedächtnis, wenn die Information eine zusätzliche und außergewöhnliche emotionale Bedeutung hat.

Mit »guten Gefühlen« lernen wir leichter.

Dabei hilft uns der Körper durch biochemische Abläufe, die das Lernen unterstützen. Macht eine Sache Spaß, wird Dopamin aktiviert. Dieser Botenstoff wird auch ausgeschüttet, wenn

wir gelobt werden. Dopamin verursacht wiederum die Freisetzung körpereigener Opate, die ein gutes Gefühl vermitteln, ein Glückgefühl herstellen. Daher fühlen wir uns selbst gut, wenn wir eine Sache »geschafft« haben. In dieser Stimmungslage werden Tätigkeiten intensiv verrichtet, entsprechende Erinnerungen besonders gut eingeprägt, und diese sind später wieder leicht abrufbar. Bei Angst dagegen geschieht das Gegenteil – und meistens geht gar nichts mehr.
Eine solche Situation ist auch immer dann gegeben, wenn wir ein besonderes Schlüsselerlebnis haben, das uns einen »Sinn« im Erlernten bzw. im Stoff erkennen lässt, das uns ein Glücksgefühl vermittelt und uns die Lust am Weitermachen gibt. Denn dann ist Lernen kein Problem mehr. Dieses Wecken der intrinsischen Motivation ist aus diesem Grunde auf längere Sicht viel wertvoller als ein Ansprechen der »extrinsischen« Motivation, also einer von außen dem Kind vermittelten Motivation, wie es z. B. das In-Aussicht-Stellen einer Belohnung darstellt – obwohl dies gelegentlich vertretbar und sinnvoll ist.

Sie helfen Ihrem Kind mehr, wenn Sie nicht sofort Lösungen vorgeben.

Motivation und Lernen

Beides steht in einem engem Zusammenhang. Denn durch einen gleichsam hirninternen Belohnungsmechanismus fühlen wir uns gut, wenn wir ein Ziel erreicht, also Erfolg gehabt haben. Dies ist ein Motor für Lernprozesse. Der Lerneffekt ist besonders groß, wenn man sich nach intensiver Anstrengung etwas angeeignet hat.
Motivieren Sie Ihr Kind, sich selbst wirklich anzustrengen und Lern- und Lösungswege zu suchen. Räumen Sie ihm nicht alle Hürden aus dem Weg. Das gilt für viele Alltagssituationen ebenso wie für das Lernen.

Vernetztes Lernen

Wahrscheinlich kennen Sie das: Vor längerer Zeit Gelerntes ist nicht sofort abrufbar. Lernen Sie heute aber etwas Neues, das an ein bereits vorhandenes Wissen anknüpft, fällt es Ihnen viel leichter, auch entsprechende Fakten zu behalten. Der »große Zusammenhang« von Themengebieten ist Ihnen als Erwachsener sowieso viel schneller klar.

Fächerübergreifend zu lernen ist sinnvoll und praktisch.

Dies hat seine Ursache darin, dass Sie nun über ein viel breiteres Grundwissen verfügen als früher und leichter Zusammenhänge herstellen können. Stellen Sie es sich gleichsam wie ein Netz vor: Lerninhalte, die nicht an bereits Vorhandenes anknüpfen können, fallen durchs Netz. Daher ist es immer sinnvoll, sich einen Überblick über das gesamte Themengebiet zu verschaffen, bevor es ans Lernen von Details geht (s. S. 84 – Das Wissensnetz).

Nicht isoliert, sondern in Zusammenhängen lernen – das können Sie mit Ihrem Kind von der ersten Klasse an üben. Denn so funktioniert das Gehirn: Es möchte mit neuen Informationen an bekannte anknüpfen, dann »greift« das Neue besser.

Durch Gedächtnishilfen, wie Eselsbrücken, lassen sich Assoziationen herstellen, die diesen Prozess zusätzlich unterstützen (s. S. 85 – Gedächtnistraining).

Schulisches Lernen – zu Hause praktisch unterstützen

Versuchen Sie den lebensweltlichen Bezug des Lernens beizubehalten. Nicht das »Pauken« zu Hause ist entscheidend, sondern, ob Sie Ihrem Kind vermitteln können, dass das, was es in der Schule lernt, auch in seinem Alltag eine Rolle spielt.

Machen Sie es auf Zusammenhänge aufmerksam, übertragen Sie das, was es bei den Hausaufgaben gelernt hat, beim gemeinsamen Einkaufen oder Spielen im Park in sein Leben.

Mit kleinen Experimenten, Rechenoperationen im Alltag, Erkundungen im Garten vertiefen Sie den Schulstoff, schaffen Motivation und vergrößern sein »Wissensnetz«.
Helfen Sie Ihrem Kind, bei schulischen Lerninhalten eine Art »roten Faden« zu finden, der die einzelnen Stoffgebiete verbindet, zeigen Sie ihm Zusammenhänge auf, so dass Neues leichter im Gehirn vernetzt wird. Durch häufige Wiederholungen, die durchaus spielerisch sein und Spaß machen können, stellen Sie zudem sicher, dass der neue Stoff vom Kurzzeitgedächtnis ins Langzeitgedächtnis übertragen und dauerhaft verankert wird.

Alles eine Frage der Konzentration?

Lernen hat viel mit Konzentration zu tun. Dass Kinder sich heute damit schwer tun, wird allerorts beklagt. Sicherlich haben gesellschaftliche Entwicklungen zusammen mit der Anstrengungsbereitschaft und Motivation auch die Konzentration erschwert. Doch was genau meinen Eltern mit der Klage, ihr Kind könne sich nicht konzentrieren, und der Frage, wie können sie unterstützend wirken?

Wir sind erst dann »voll dabei«, wenn uns etwas wirklich interessiert.

Konzentration ist die Fähigkeit, die gesamte Aufmerksamkeit auf eine Sache auszurichten und dabei innere und äußere Störfaktoren auszuschalten. Sie ist eng mit der Motivation verbunden. Richtig bei der Sache, so dass wir Zeit und Umgebung vergessen, sind wir, wenn uns etwas »brennend« interessiert, wir also intrinsisch, von innen her, hoch motiviert sind.
Konzentrationsvermögen ist also nichts, das ein Kind besitzt oder nicht besitzt. Die Konzentration ist vielmehr ein Lern- und Reifungsprozess: Das Kind muss zum einen lernen, Motivation aufzubauen, sich selbst zu motivieren (s. S. 30). Es muss Selbstdisziplin entwickeln. Zum anderen muss es innere und äußere Ablenkungen ausschalten bzw. ausblenden. Es gilt also, Wesentliches zu erkennen und strukturiert vorzugehen. Dazu

Wovon hängt Konzentration ab?

- Konzentration ist nicht immer in gleicher Intensität vorhanden. Sie ist eine aktive Leistung, die abhängig ist von der momentanen Verfassung, der Tageszeit, dem Umfeld usw.
- Art und Inhalt einer Aufgabe, Interesse an der Sache und damit auch Motivation benötigen Konzentration.
- Konzentration ist auch abhängig vom Selbstvertrauen und von den eigenen Fähigkeiten, also von der Frage, ob Aussicht auf Erfolg besteht.
- Konzentration wird von den Rahmenbedingungen, d. h. der Umgebung beeinflusst (Lärm, sonstige Störfaktoren, Ablenkungen …).
- Und nicht zuletzt ist die Dauer der Konzentrationsspanne auch altersabhängig. Dabei gelten in etwa folgende Anhaltspunkte:
  - 5–7 Jahre: ca. 15 Minuten
  - 7–10 Jahre: ca. 20 Minuten
  - 10–12 Jahre: ca. 25 Minuten
  - 12–16 Jahre: ca. 30 Minuten
  - Erwachsene bis zu 90 Minuten

gehören effektive Arbeitstechniken (s. S. 83 ff.) und eine störungsfreie Umgebung. Das ist eine ganze Menge.

Bei der Ausbildung dieser Fähigkeit zur Konzentration spielen unser Vorbildverhalten und die Atmosphäre in der Familie eine wesentliche Rolle. Eltern, die immer mehrere Sachen gleichzeitig machen, schnell hierhin und dorthin springen, vieles nur mit einem Ohr mitbekommen und immer unter Zeitdruck stehen, geben kein gutes Beispiel für konzentriertes Verhalten.

Gerade Mütter machen oft drei Dinge auf einmal.

Ohne viel Anstrengung und Hürden

Eltern machen es ihren Kindern oft zu leicht.

Konzentration ist, wie bereits erwähnt, natürlich eng mit Leistungsbereitschaft und Motivation verbunden. Dass es damit heute nicht immer zum Besten steht und dass dies durchaus auch gesellschaftliche Gründe hat, wurde bereits angesprochen (s. S. 34). Kinder wachsen damit auf, ein immer verfügbares Angebot an Ablenkungen und alltäglichem Konsum zu haben, ohne selbst etwas tun zu müssen.

Der Fernseher verhindert jederzeit Langeweile, ohne die Herausforderung, selbst etwas zu tun oder sich überlegen zu müssen. Wozu soll sich ein Kind anstrengen, wenn es sowieso alles bekommt? Das gilt in vielen Familien auch für materielle Wünsche und besondere Aktivitäten. Durch diese Haltung werden Kinder geprägt. Für viele ist es selbstverständlich, das meiste ohne viel Anstrengung bekommen zu können. Zudem beziehen viele Kinder ihr Selbstwertgefühl heute aus dem, was sie haben, und nicht aus ihrer Leistung, ihrer Kreativität, ihren Ideen.

Es kommt noch hinzu, dass viele Eltern ihren Kindern, in dem Wunsch, sie mögen es doch gut haben, alle Hürden aus dem Weg räumen wollen. Verwöhnen hat nicht nur eine materielle Bedeutung, sondern erfolgt auch, wenn Eltern ihrem Kind alles abnehmen.

Erfolge durch eigene Anstrengung

Und so wachsen viele Kinder auf, ohne gelernt haben, sich eben einmal anzustrengen und Unlustgefühle zu überwinden. Damit lernen sie weder Eigenmotivation noch Konzentration, denn genau diese erwirbt man, indem man sich im Alltag bemüht, neue und schwierigere Aufgaben zu bewältigen.

In der Schule soll das Kind dann aber an einer Sache dranbleiben, die häufig noch nicht einmal so wahnsinnig interessant ist.

Wenn Anstrengung selbstverständlich ist

Leistungsmotivation bezeichnet die Bereitschaft, bei einer Sache zu bleiben, sich anzustrengen und auch mit Schwierigkeiten auseinanderzusetzen. Hat dies das Kind schon früher bei alltäglichen Aufgaben gelernt, weiß es, dass es häufig Erfolg hat. Es ist ihm selbstverständlich, sich anzustrengen, und es hat das Selbstvertrauen dazu. Hat es dies bislang nicht gelernt, ist die Wahrscheinlichkeit, dass es häufig erfolgreich ist, eher gering. Es erlebt Misserfolg, was die Motivation zunichte macht und dazu führt, dass das Kind aus Angst vor Versagen solche anstrengenden Situationen vermeiden will. Sein Selbstwertgefühl und Selbstvertrauen sind entsprechend gering.

Es wird von ihm verlangt, sich anzustrengen und sich zu konzentrieren. Doch das Kind verfügt über keine eigene Leistungsmotivation, wenn es dies im Alltag nicht gelernt hat.
Ermöglichen Sie Ihrem Kind daher von klein an immer wieder Erfolgserlebnisse infolge eigener Anstrengung. Führen Sie es schrittweise an schwierige Aufgaben heran – im Haushalt, beim Basteln, bei körperlichen Aktivitäten usw. So erwirbt es mit der Leistungsmotivation das für die Durchführung von Aufgaben erforderliche Konzentrationsvermögen, Durchhaltevermögen und Selbstvertrauen. Eine Erziehung zum Selber-Tun und Vertrauen in das Kind, gepaart mit Ermutigung und Lob sind die beste Förderung von Motivation, Leistungsbereitschaft und auch Konzentration. Ein Kind bleibt bei der Sache, weil es weiß, dass es Erfolg haben kann. Eine regelmäßige und selbst verantwortliche Mitarbeit bei der Hausarbeit ist ein wunderbares Übungsfeld, Anstrengungsbereitschaft zu entwickeln, konkrete Erfolge zu sehen und sich darüber zu freuen.

Nehmen Sie Ihrem Kind nicht ab, was es selbst schon schaffen könnte.

So fördern Sie die Konzentration Ihres Kindes

Konzentrationsvermögen ist ein Prozess, den Sie aktiv unterstützen können.

- Schaffen Sie vom Baby- und Kleinkindalter an eine der Konzentration förderliche Atmosphäre und Einstellung bei Ihnen zu Hause. Natürlich ist das Konzentrationsvermögen in Grundzügen auch anlagebedingt und vom Temperament Ihres Kindes abhängig. Eine strukturierte Umgebung mit klaren Ruhe- und Spielphasen, mit geregelten gemeinsamen Mahlzeiten, Zeit für Gespräche und die Möglichkeit zum selbstbestimmten kreativen Spiel sind aber ein wesentlicher Faktor dafür.
- Drängen Sie Ihr Kind nicht. Streichen Sie den Satz »Ich muss noch schnell …« aus Ihrem Wortschatz. Lassen Sie Muße zu und kultivieren Sie terminfreie Zeitphasen.
- Nehmen Sie Ihr Kind bewusst wahr. Gehen Sie auf das, was es tut, bewusst ein. Zeigen Sie Interesse und beteiligen Sie sich.

Die Bedeutung von Regeln im Alltag

Wenn Sie solche Beobachtungen kritisch durchdenken, stellen Sie vermutlich selbst fest, wie es um die allgemeine Konzentration Ihres Kindes bestellt ist und welche Faktoren dabei eine Rolle spielen.
Versuchen Sie einen gut strukturierten, gleichmäßigen Alltag in Ihrer Familie zu leben. Ermöglichen Sie Ihrem Kind viele freie Phasen in einer ruhigen Atmosphäre für selbstbestimmtes Tun. Stellen Sie klare Regeln für den Fernseh- und PC-Konsum auf (im Grundschulalter nicht mehr als eine Stunde pro Tag) und schaffen Sie die Möglichkeit und den Anreiz zu viel Bewegung draußen. Natürlich sind auch regelmäßige Schlafenszeiten und ausgewogene, regelmäßige Mahlzeiten Voraussetzung für eine gute Konzentration.

Tipps und Ratschläge

Beobachten Sie einmal Ihr Kind über eine Woche hinweg. Machen Sie sich dabei auch Notizen und betrachten Sie sein Spielverhalten sowie sein Verhalten im Alltag.

- Wie gut kann es sich selbst beschäftigen?
- Wie schnell findet es in ein Spiel?
- Wie lange bleibt es bei einer selbst gewählten Sache?
- Wie häufig wird es von außen (z. B. auch von Ihnen) unterbrochen, weil Termine anstehen?
- Wo und in welcher Umgebung spielt es am liebsten?
- Womit beschäftigt es sich am intensivsten/am ausdauerndsten?
- Ist es ausgeglichen?
- Spricht es über seine Gefühle, seine Stimmungen?
- Wie verhält es sich, wenn es zu Aufgaben aufgefordert wird?
- Mit welchen Eigenschaftswörtern würden Sie Ihr Kind beschreiben, z. B. ruhig, verträumt, müde, ängstlich, trödelnd, zappelig, nervös, angespannt usw.?
- Wie viel schaut Ihr Kind fern?
- Wie lange spielt es draußen?
- Wie gestaltet sich Ihr Familienleben? Gleichmäßig, mit Ritualen oder unregelmäßig und hektisch?

Bewahren Sie Ihr Kind vor zu vielen Pflichtterminen.

So lernt Ihr Kind sich zu konzentrieren

Neben der Schaffung einer konzentrationsfördernden Atmosphäre und Umgebung können Sie Ihr Kind auch anleiten, sich in konkreten Situationen durch gezielte Maßnahmen auf eine Sache zu konzentrieren. Bringen Sie ihm bei, dass man dabei auf folgende Dinge achtet, und üben Sie das mit ihm regelmäßig, z. B. als Vorbereitung auf die Hausaufgaben:

- **Ablenkungen ausschalten bzw. fernhalten**
  Dazu gehören Fernseher, Spielzeug, der Blick aus dem Fenster, aber auch akustische Störungen wie das Radio, Telefon, spielende Geschwister.

- **Innerlich zur Ruhe finden**
  Das bedeutet, sich von Stress zu befreien (Ärger mit den Eltern oder über die Menge der Hausaufgaben), und sich Negatives erst einmal von der Seele zu reden.

Meistens sind es »nebensächliche« Umstände, die vieles erleichtern.

- **Sich auf eine Sache ausrichten**
  Das heißt, planvoll vorzugehen und nicht mehrere Dinge gleichzeitig zu tun. Dazu gehören selbstverständlich ein aufgeräumter Schreibtisch und eine angemessene Lernumgebung.

- **Zur Motivationsförderung kleine Ziele stecken**
  Arbeitszeiten und Pausen einplanen, auch Belohnungen in Aussicht stellen.

- **Frische Luft und Bewegung**
  Oder auch hinausgehen, das fördert die Konzentration ebenfalls, genauso wie kurze Bewegungspausen.

- **Trinken und Essen nicht vergessen**
  Viel Flüssigkeit und die richtige Ernährung (langsam abbaubarer Zucker aus Obst und Vollkornprodukten) fördern die Konzentration ebenfalls.

- **Auf Farben und Formen achten**
  Auch Farben im Zimmer (Möbel, Gardinen, Wände) oder Düfte (Duftlampe) beeinflussen die Konzentration.

Geräuschkulissen zulassen

Achten Sie bei der Konzentrationsförderung unbedingt auf die Individualität Ihres Kindes. Manche Kinder können wirklich mit einem leichten Hintergrundgeräusch besser lernen.

Zur Ruhe finden

Eine elementare Voraussetzung für die Fähigkeit zur Konzentration ist, dass das Kind auf seine Art zur Ruhe findet. Das bedeutet, dass es lernen kann, Außenreize auszublenden. Wir Erwachsenen würden das auch gern können, deshalb stehen Entspannungsmethoden hoch im Kurs.
Autogenes Training und Progressive Muskelentspannung sind Methoden, die auch Kindern empfohlen werden. Ein entsprechender Kurs kann bei Bereitschaft des Kindes durchaus empfehlenswert sein. Durch Traum- oder Fantasiereisen kann das Kind lernen, zur Ruhe zu finden und seine Gedanken auf eine Sache auszurichten. Das dabei grundlegende Vorgehen, sich von Gedankenballast und äußeren Ablenkungen zu befreien, kann im Alltag in bestimmten Situationen immer wieder bewusst geübt werden. Kleinere Spiele zur Konzentrationsförderung können in vielen Situationen nebenbei durchgeführt werden.
Regen Sie Ihr Kind an, beim gemeinsamen Busfahren z. B. die Tasche einer Mitfahrerin zu betrachten oder sich ausschließlich auf ein Geräusch konzentrieren – und an nichts anderes zu denken. Solche Übungen bringen nach Meinung vieler Fachleute mehr als die Durchführung spezieller isolierter Konzentrationsprogramme z. B. in Heftform – wobei diese, wenn sie dem Kind Spaß machen, durchaus zum Einsatz kommen dürfen.

Es gibt viele Methoden der Entspannung, die auch für Kinder gut geeignet sind.

Konzentrationsstörungen

Von Konzentrationsstörungen spricht man, wenn eine teilweise oder vorübergehende Beeinträchtigung der Fähigkeit besteht, die Aufmerksamkeit auf einen Gegenstand von Interesse zu richten. Ursache sind vorübergehende Beeinträchtigungen wie Stress.
Als Konzentrationsschwächen bezeichnet man dagegen dauerhafte Beeinträchtigungen der Konzentrationsfähigkeit. Sie können anlagebedingt vorhanden oder durch eine schwerwiegende körperliche oder seelische Verletzung erworben sein. Dazu gehört z. B. die AD(H)S. Solche Schwächen oder Störungen sollten therapeutisch diagnostiziert werden, so dass Ihrem Kind geholfen werden kann.

Aufpassen und dabei sein

Schulpflicht kontra Interesse: Da ist es oft nicht leicht, sich zu motivieren.

Was anfangs für die meisten Schüler noch selbstverständlich ist, nämlich aufzupassen und neugierig zu sein, was als Nächstes drankommt, lässt im Laufe der Jahre und bei großen Klassen oft nach – da wird geschwätzt und sich mit anderen Dingen beschäftigt. Unruhe in der Klasse entsteht, und schon hat man den Faden verloren, und nicht selten baut sich so im Laufe der Zeit ein ernstes Problem auf. Bei vielen wird dies verstärkt in der Pubertät zum Problem, manchmal ist es auch fach- oder lehrerabhängig.
Dabei ist das meiste für den Schulerfolg schon gewonnen, wenn man im Unterricht bei der Sache ist. Versuchen Sie dies Ihrem Kind unbedingt verständlich zu machen. Man ist auch längst kein Streber, wenn man aufpasst, sondern arbeitet einfach öko-

nomisch, weil zeitsparend für zu Hause. Im Unterricht wird in aller Regel der Stoff Schritt für Schritt erklärt. Auch Hausaufgaben und Stoffwiederholungen zu Hause fallen dann viel leichter.

Also: Versuchen Sie Ihrem Kind die anfängliche Neugierde und Offenheit für die Schule zu erhalten. Nicht indem Sie sobald es zu Hause ist, wissen wollen, wie es heute denn so war – das stößt spätestens ab der dritten Klasse auf wenig Auskunftsfreudigkeit. Lassen Sie sich lieber mit zeitlichem Abstand vom Unterrichtsgeschehen und auch speziell von einzelnen Fächern erzählen. Fragen Sie selbst neugierig nach Inhalten und wie diese in der Schule behandelt werden. Das hat sogar mehrfachen Nutzen: Ihr Kind sieht, dass Sie an »seiner« Schule interessiert sind, es denkt nochmals nach, erinnert sich und rekapituliert den Stoff, was ebenfalls ein wichtiger Lerneffekt ist. Zudem übt es, Inhalte wiederzugeben, sie zu strukturieren (schließlich können Sie es nur verstehen, wenn eines nach dem anderen kommt), und es erhält vielleicht den Ansporn, am nächsten Tag wieder bei der Sache zu bleiben.

Wichtig ist kreatives Anwenden, z. B. indem den Eltern der Schulstoff »nahegebracht« wird.

Es gibt einiges, was Schüler selbst tun können, um sich zu motivieren und sich besser zu konzentrieren:

- Den Sitzplatz nicht im hinteren Teil des Klassenzimmers wählen: Vorn bleibt man viel mehr am Geschehen dran.
- Sich nicht vom Nebensitzer ablenken lassen, solche Gespräche haben Zeit bis zur Pause.
- Sich bemühen, zuzuhören und sich aktiv am Unterricht beteiligen: auch selbst Fragen stellen.
- Und natürlich: Handy und Smartphone bleiben in der Schultasche.

Lernen ist mehr

Unter Lernen versteht man heute nicht mehr in erster Linie Pauken. Es geht eher darum, sich auch mit dem Kind gemeinsam kreativ zu beschäftigen, sich vielfältige Gedanken zu machen, Probleme also durchzuspielen oder Projekte anzugehen. Unterstützen Sie Ihr Kind beim Lesen- und Rechnenlernen – z. B. während des gemeinsamen Einkaufens. Damit führen Sie ihm vor Augen, wie Sachthemen in seinem Alltag auftauchen und wie es diese mit bereits bekanntem Wissen verknüpfen kann (s. S. 33). Was Sie zu Hause Ihrem Kind vermitteln können ist das »Lernen lernen« – ein Schlagwort der letzten Jahrzehnte, das durchaus seine Berechtigung hat. Dabei geht es darum, den Lernprozess selbst zu reflektieren, festzustellen, welche Lernmethoden und Techniken persönlich sinnvoll sind. Es geht also zum einen um das Erlernen von Techniken für schulisches Lernen, zum anderen geht es um das Organisieren, d. h. zu lernen, Ziele zu setzen, zu planen, zu strukturieren, die Zeit richtig einzuteilen und sich zu motivieren. Damit erwirbt das Kind wichtige Fähigkeiten, die es für das lebenslange Lernen benötigt, sowie Kompetenzen, die heutzutage als Schlüsselqualifikationen im Berufsleben gelten wie Eigenverantwortlichkeit und Selbstständigkeit.

Schaffen Sie Möglichkeiten, das in der Schule Gelernte im Alltag anzuwenden.

> Grundsätzlich gilt: Anstrengung sollte beim Lernprozess erforderlich, doch der Erfolg sollte möglich sein. Stehen Sie Ihrem Kind bei Misserfolg unbedingt zur Seite, suchen Sie gemeinsam nach Auswegen und loben Sie immer auch die Anstrengung, nicht nur den Erfolg.

Hausaufgaben und Wochenpläne – Stress im Alltag der Familien?

Trotz der zunehmenden Einführung von Ganztagsschulen bleibt das Thema »Hausaufgaben« in vielen Familien aktuell. In manchen Bundesländern dominiert weiterhin die Halbtagsschule und an den meisten Ganztagsschulen ist das Nachmittagsangebot freiwillig. Nicht immer erledigen Schüler dort auch zuverlässig ihre Hausaufgaben. Zumindest zusätzlich geübt oder auf Arbeiten gelernt wird immer noch zu Hause. Und so überschatten die schulischen Aufgaben so manches Familienleben.
Doch durch sinnvolle Unterstützung können Sie Ihr Kind anleiten, schulische Aufgaben effektiv und allein zu bewältigen.

Hausaufgaben – noch zeitgemäß?

Durch Hausaufgaben wird der Schulstoff wiederholt und vertieft. Sie sind im Allgemeinen also zur Nach- oder Vorbereitung des Unterrichtsstoffes gedacht – so sieht es die Schulverordnung vor. Hausaufgaben geben dem Lehrer Rückmeldung über den Leistungsstand seiner Schüler. Sie sollten immer am Unterrichtsstoff orientiert sein und durch den Schüler ohne fremde Hilfe in angemessener Zeit zu bewältigen sein. Umfang und Schwierigkeit müssen dem Alter und Leistungsvermögen der Schüler angepasst sein.

Doch Hausaufgaben waren und sind in vielen Familien ein wahres Reizthema – überschatten sie doch nicht selten das Familienleben. Dabei stellen nicht wenige Studien den Nutzen von traditionellen Hausaufgaben, die schnell mal »gemacht« oder auch abgeschrieben werden in Frage. Aber erst jetzt, mit dem Ausbau der Ganztagsschulen, ist die Frage nach Sinn und Unsinn wirklich aktuell geworden und an den Schulen sollen »Lernzeiten« und andere Übungsangebote die traditionellen Hausaufgaben ablösen. Das entlastet die Eltern und ermöglicht auch eine individuellere Förderung der Schüler.

Selbstbestimmtes Lernen bleibt ein hochaktuelles Thema.

Dennoch: In der Realität ist es noch ein langer Weg bis zum flächendeckenden Angebot an gebundenen Ganztagsschulen, in denen Hausaufgaben durch die Integration der Wiederholungsphasen in den regulären Unterricht überflüssig werden.

Schülerstimmen und Elternmeinungen

Viele Eltern helfen ihren Kindern schon in der Grundschule bei den Hausaufgaben – was Lehrer eher mit Sorge sehen. Sie stellen fest, dass manche Kinder immer fehlerfreie Hausaufgaben mitbringen, und wissen, dass die Eltern dabei ordentlich mitgeholfen haben, wie auch bei Referaten, Präsentationen usw.

Doch wie sollen diese Kinder dann Klassenarbeiten und Prüfungen bestehen? Wie sollen sie Eigenverantwortung und Selbstständigkeit erlernen? Daher sollten Kinder immer allein versuchen, die Lösung für Aufgaben zu finden. Wenn es nicht klappt, dürfen die Eltern Unterstützung geben, am besten in Form von »Hilfe zur Selbsthilfe«.

Selbstständig arbeiten lernen

Ihr Kind soll den in der Schule eingeführten Stoff ohne fremde Hilfe bearbeiten können – es geht um Übung, Anwendung und Vertiefung. Am besten lernt Ihr Kind das vom ersten Schultag an. Bei den Hausaufgaben muss es nachdenken, sich auf eine Aufgabe einlassen, sich anstrengen und unter Umständen auch mal »um die Ecke« denken. Diese Fähigkeiten sind im weiteren Leben und später auch im Berufsleben unerlässlich.

Hausaufgaben sind allein Sache des Kindes.

Ermuntern Sie Ihr Kind, bei der Sache zu bleiben, den den Schulstoff zu Hause nochmals durchzugehen und bei Fragen nach Lösungsmöglichkeiten zu suchen. Wenn es an einer Stelle gar nicht weiterkommt, soll es dies der Lehrerin am nächsten Morgen mitteilen. Denn diese Rückmeldungen sind wichtig.

Natürlich können Sie sich die Hausaufgaben auch zeigen lassen, auf Fehler hinweisen oder Lernstoff – später dann auch die Vokabeln – abfragen. Selbstverständlich sollen Sie auf Fragen antworten, die das Kind stellt.
Doch grundsätzlich sind Hausaufgaben Sache des Kindes. Was hat Ihr Kind davon, wenn es am nächsten Tag eine perfekt erledigte Aufgabe in die Schule mitbringt, das Thema aber nicht

verstanden hat und eine Aufgabenstellung nicht selbstständig ausführen könnte?

Eltern – Hilfslehrer der Nation?

Es ist nicht Ihre Aufgabe, Ihrem Kind den Stoff zu vermitteln.

Eltern als Nachhilfelehrer der Nation – dieses Schlagwort wird gern genannt, und es scheint einiges daran zu sein. Doch bei aller Kritik an den Lehrern: Die Lehrer bleiben die Fachleute für die Vermittlung des Schulstoffs. Wenn Eltern ihren Kindern Nachmittag für Nachmittag – oder Abend für Abend – den Stoff sozusagen neu erklären müssen, dann stimmt etwas nicht. Es ist für ein Kind durchaus eine Herausforderung, im Verbund mit bis zu 30 anderen Schülern mehrere Stunden lang den Ausführungen der Lehrer zu folgen bzw. in Gruppen zu lernen. Vielleicht ist ihm dies zu anstrengend und es schaltet ab, wohl wissend, dass es das Ganze nachmittags von Mutter oder Vater nochmals in der viel angenehmeren 1:1-Situation erklärt bekommt. Vielleicht hat es ja auch wirklich ein Problem mit der Konzentration und kann nicht aufmerksam über längere Zeit bei der Sache sein. Klären Sie solche Fragen bzw. Hintergründe unbedingt ab.
Besteht tatsächlich das Problem, dass ein Lehrer nicht verständlich erklärt oder zu viel voraussetzt, dann ist nicht nur Ihr Kind betroffen und Sie sollten sich mit anderen Eltern austauschen bzw. die Elternvertreter kontaktieren. Lassen Sie es auf keinen Fall zur Gewohnheit werden, Tag für Tag den Stoff aufzubereiten. Wollen Sie das bis zum Schulabschluss so machen? Die Themen werden immer komplexer. Welche Eltern sind schon in der Lage, sich langfristig so umfassend über Lehrpläne und Unterrichtsmethoden zu informieren und sich diese anzueignen, um dem Kind »Nachhilfe« zu geben, die auf den Schulstoff und die Lehrmethoden abgestimmt ist?
In vielen Fächern wird heute anders gelernt als früher. Begriffe

verändern sich, andere Lösungswege werden gelehrt. Nur zu leicht stiftet man in höheren Klassen, aber durchaus auch bereits bei den Schulanfängern, durch vermeintliche Hilfe mehr Verwirrung als Klarheit.

»Vorsagen« ist keine Hilfe

Machen Sie es Ihrem Kind nicht zu einfach, indem Sie bereitwillig den Stoff nochmals aufarbeiten. Das ist Sache des Lehrers. Klären Sie, warum es die Inhalte nicht verstanden hat, und setzen Sie bei den Ursachen an, wenn erforderlich im Gespräch mit dem Lehrer. Ansonsten geben Sie Ihrem Kind Hilfe zur Selbsthilfe. Ist punktuell noch weitergehende Hilfe erforderlich, dann versuchen Sie auch im gemeinsamen Gespräch Lösungswege zu finden, aber nur solche, die auch Ihr Kind akzeptiert.

An den Hausaufgaben teilhaben – aber wie?

Pauschal und grundsätzlich lässt sich diese Frage nicht beantworten. Natürlich sollten aus den im Vorigen angeführten Gründen die Hausaufgaben vom Kind selbstständig gemacht werden. Der Alltag in deutschen Familien zeigt jedoch, dass es in der Praxis ganz anders aussieht. Die hier angeführten Tipps sind daher für Eltern gedacht, deren Kinder die Hausaufgaben nicht in der betreuten Ganztagsschule erledigen und die zudem auch Zeit haben, ihren Kindern während der »Hausaufgabenzeit« zur Seite zu stehen.

Geben Sie dem Drängen Ihres Kindes nach schnellen Antworten nicht nach.

Jüngere Kinder möchten häufig, dass die Eltern dabei sind, wenn sie die Hausaufgaben machen. Natürlich sollen Sie Interesse zeigen, auf Fehler hinweisen und das Kind bitten, nochmals zu kontrollieren. Das bedeutet jedoch noch lange nicht, dass Sie regelmäßig bei den Hausaufgaben neben Ihrem Kind sitzen sollten.

Gut ist, wenn Eltern nicht täglich ins Geschehen eingreifen.

Wenn Ihr Kind immer bei den Hausaufgaben nach Ihnen verlangt, dann verhalten Sie sich eher defensiv und überlegen zunächst einmal: Warum braucht das Ihr Kind? Um ihm zu helfen oder einfach nur, damit es sich überhaupt an seine Aufgaben macht und bei der Sache bleibt?
Bei vielen Kindern steht gar nicht das Problem dahinter, dass sie die Aufgaben nicht bewältigen könnten, sondern dass sie sich selbst nicht motivieren und nicht ausreichend konzentrieren können.

Eigene Erfolge sind wichtig

Wer zu rasch und bereitwillig konkrete Hilfe anbietet, leistet manchmal durchaus auch der Bequemlichkeit Vorschub. Denn schließlich ist es ja am einfachsten, wenn Mama sagt, womit man anfangen soll und was danach kommt. Doch gerade das soll das Kind von Anfang an allein lernen: sich zu überwinden, sich einen Überblick zu verschaffen, zu planen, Materialien bereitzustellen und sich auch mal »durchzubeißen«. Es erlebt so am besten die eigenen Erfolge und gewinnt an Selbstvertrauen. Andere wollen die lästige Pflicht so schnell wie möglich hinter sich bringen, für sie sind Hausaufgaben kein großes Thema, schnell gemacht, schnell abgehakt - bei manchen am Montag dann schon der komplette Wochenplan – aber leider oft voller Fehler und mit zweifelhaftem Lernerfolg. Erst wenn Sie erkannt haben, worin genau das Problem Ihres Kindes besteht, können Sie mit den geeigneten Maßnahmen reagieren.

Hilfe zur Selbsthilfe

Was die italienische Pädagogin Maria Montessori insgesamt zur Selbstständigkeitserziehung des Kindes meinte, ihm nämlich »Hilfe zur Selbsthilfe« zu geben, gilt ebenso für die Hausaufgaben. Wenn es irgendwo inhaltlich hakt, geben Sie Ihrem Kind Anstöße, stellen Sie Fragen, so dass es einen Lösungsweg findet. Analysieren Sie gemeinsam mit ihm, warum der bisherige Weg nicht funktioniert hat. Lassen Sie Ihr Kind seine Fehler selbst erkennen und seine eigene Leistung zu überprüfen. Und loben Sie, wenn es etwas erreicht hat.
Wenn sein Problem gar nicht darin liegt, dass es die Aufgaben nicht »kann«, sondern in seiner Arbeitshaltung, dann klären Sie diese Ursachen im Gespräch und suchen nach Methoden, wie es Ihrem Kind selbst gelingen kann, Abhilfe zu schaffen.

Was tun mit Trödlern und Aufschiebern?

Schön, wenn Kinder direkt nach dem Unterricht die Aufgaben erledigen – und das auch noch sorgfältig. Doch es gibt auch die Aufschieber und Trödler. Sie machen sich schon an ihre Aufgaben, aber werden »nie« fertig. Die einen schauen lange in Gedanken verloren aus dem Fenster, andere machen mal dies, mal jenes, räumen die Hefte ein und um, spitzen die Stifte …
Schauen Sie als Eltern hier nicht taten- oder ratlos zu.
Machen Sie Ihrem Kind aber bitte keine Vorwürfe. Das bringt gar nichts, denn Ihr Kind verhält sich nicht absichtlich so. Es hat echte Probleme mit der Motivation und der Konzentration. Dazu finden Sie im zweiten Kapitel entsprechende Ausführungen. Helfen Sie Ihrem Kind, eine zielführende Arbeitshaltung zu entwickeln. Das geht einfacher als gedacht, wenn man die Gründe der Trödelei kennt.

Kinder, die sich schwertun, eine Aufgabe zu beginnen, muss man motivieren.

Grund 1: Wenig Lust

Schiebt ein Kind seine Aufgaben am liebsten stundenlang – oder den Wochenplan die ganze Woche – vor sich her, ist es sinnvoll, ihm einen klaren Rahmen für seine Aufgaben zu setzen. Dabei gibt es zwei Möglichkeiten, »aus den Folgen zu lernen«, wie ein bekannter Erziehungsgrundsatz lautet:

Diese Methode ist bei Schulanfängern ziemlich hart, aber wirksam.

- Bestimmte Aktivitäten gibt es erst, wenn die Aufgaben gemacht sind. Trödelt das Kind zum Beispiel den ganzen Nachmittag vor den Hausaufgaben oder schiebt sie immer wieder auf, so lange, bis es bereits Zeit für das Fußballtraining ist, gibt es eben kein Training.
- Setzen Sie Ihrem Kind eine Frist. Länger als eine Stunde sollte ein Grundschulkind sowieso nicht an den Aufgaben sitzen. Ist das bei Ihrem Kind regelmäßig der Fall, stellen Sie ihm einen Wecker hin. Ist die maximale Uhrzeit erreicht, werden die Aufgaben abgebrochen und es muss am nächsten Tag so in die Schule. Lassen Sie es auf diese Weise die Konsequenzen für seine Trödelei tragen.

Vermutlich wird die Lehrerin nachfragen, warum die Aufgaben nicht erledigt sind. Wenn sie die Hintergründe erfährt, wird sie Ihr Kind aber sicher auch ermutigen, zügiger zu arbeiten. Das kann Ihrem Kind ein größerer Ansporn sein als die Tatsache, weiterhin zu Hause zu trödeln.
Wenn Sie dann gemeinsam mit Ihrem Kind gleich zu Beginn der Hausaufgabenstunde ein Planungsgespräch führen und in diesem Fall vielleicht tatsächlich einmal zehn Minuten in seiner Nähe sitzen bleiben, ist die Wahrscheinlichkeit hoch, dass es sich schon im Laufe weniger Wochen an ein effektives Arbeiten gewöhnt. Konzentrationsübungen und -hilfen wirken dabei unterstützend. Auch eine kleine Belohnung, z. B. ein gemeinsames Spiel in der »gewonnenen« Zeit, kann in Aussicht gestellt werden.

Grund 2: Das Gewusst-wie

Bei manchen Kindern liegt ein Grund für die Trödelei darin, dass sie sich nicht organisieren können, dass sie nicht wissen, wo sie anfangen und wie sie vorgehen sollen und sich auch nicht zutrauen, die Aufgabe zu lösen. Auch in diesem Fall können Sie konkrete Hilfe und Unterstützung geben. Erarbeiten Sie mit Ihrem Kind Schritt für Schritt einen Plan, wie es vorgehen soll. Ein solcher Plan kann dann eine tägliche Hilfe sein. Hier geht es auch darum, das Kind in seinem Selbstvertrauen zu stärken, so dass es sich selbst etwas zutraut (s. S. 102 ff.).

Grund 3: Eine Lernschwäche

Ein Grund für Trödelei kann auch eine Schwäche in einem Teilbereich sein. So fallen Kindern mit feinmotorischen Schwierigkeiten schriftliche Arbeiten sehr schwer und sie wissen bald, dass sie für ihre Arbeit meist auch noch getadelt werden, weil ihre Schrift nicht »schön« ist. Auch eine Legasthenie oder eine Rechenschwäche, die evtl. erst später diagnostiziert werden, kann Grund für Trödelei sein. Eine solche Möglichkeit sollten Sie beizeiten im Gespräch mit den Lehrern abklären. (Siehe dazu auch: »Das Wesen Ihres Kindes«, S. 79).

Grund 4: Kein Interesse

Alles ganz easy und gar kein Problem?

Dann gibt es noch die anderen, die ganz Schnellen und Coolen. Sie bringen die lästige Pflicht in möglichst kurzer Zeit hinter sich: »Ist ja alles pipileicht«, und schon sind sie weg. Leider stellt sich später heraus, dass die Hälfte vergessen wurde und der Rest nicht gerade fehlerfrei ist, wenn überhaupt entzifferbar. Das sind die impulsiven Kinder, die Bewegung, Freunde,

Aktion brauchen. Sie leben ganz im Hier und Jetzt. Aber auch sie brauchen elterliche Konsequenz – im Sinne der folgenden Ratschläge.

Zusammenfassend für alle vier Möglichkeiten, die auf Ihr Kind zutreffen können, sei gesagt:

- Gründliches Arbeiten ist unerlässlich, sonst werden von Anfang an wesentliche Grundlagen nicht richtig erlernt. Auch dic Vcrantwortung für das eigene Arbeiten, für die zuverlässige Erledigung, muss das Kind erwerben, und natürlich muss es strukturiert arbeiten lernen.
- Eine klare Hausaufgabenzeit mit Anfang und Ende sollte vereinbart werden. In dieser Zeit wird konzentriert und sauber gearbeitet, ohne Ablenkungen und Unterbrechungen. Und eine kleine Belohnung kann durchaus anspornen.
- Ohne elterliche Unterstützung wird das Kind eine gewissenhafte Arbeitshaltung und klare Arbeitsmethoden nur schwerlich erwerben. Dass auch längerfristig eine Kontrolle erforderlich ist, versteht sich von selbst.
- Dies brauchen auch die kleinen »Chaoten«. Sie verlieren sich gern im Durcheinander ihres Schreibtisches und können nie irgendwas finden. Hinweise dazu stehen ab S. 114 »Störquellen am Arbeitsplatz«. Im Weiteren brauchen sie auch Hilfestellung bei der Planung der Hausaufgaben (s. S. 49 und S. 112 sowie »Das Wesen Ihres Kindes«, S. 79).

Achtung vor Beziehungskämpfen!

Geraten Sie erst gar nicht in diese Falle.

Ermahnen, schimpfen, drohen – Hausaufgaben, Schule überhaupt, bedeuten nicht selten Druck, und mit Druck geht eigentlich gar nichts. Schnell schleifen sich bestimmte Verhaltens- und Beziehungsmuster ein. Das Kind lernt nicht von sich aus, es trödelt und eröffnet »Nebenschauplätze«. Statt Hausaufgaben zu machen, wird miteinander gerungen, die Stimmung heizt sich auf, es wird lauter … Dabei kann weder effektiv gelernt werden, noch kommt dies der Eltern- bzw. Mutter-Kind-Beziehung zugute. Zum täglichen »Hausaufgabenkampf« ist es dann nur noch ein kleiner Schritt. Inzwischen gibt es bereits Seminare zum Hausaufgabentraining für Mütter. Sie lernen dort, wie sich Kinder unter dem Druck fühlen und wie man seine Kinder mit sinnvollen Strategien motivieren kann.

Achten Sie darauf, dass die Situation zu Hause durch die Hausaufgaben nicht deutlich belastet wird. Dazu muss es nicht kommen, wenn Sie die ursächlichen Probleme von Anfang an erkennen und entsprechend reagieren.

Ständige Ermahnungen bringen letztlich keinen Erfolg.

Problematisch wird es, wenn Eltern die Hausaufgaben und letztlich den Schulerfolg selber zu ihrer Sache machen. Leider kommt das gar nicht so selten vor. Eine solche Übernahme der Verantwortung wird sich unweigerlich auf die Eltern-Kind-Beziehung auswirken und ist mit Sicherheit nicht förderlich.

Ist die Situation bereits verfahren?

Wenn Ihr Kind an permanente Unterstützung gewöhnt ist, diese aber für alle Stress bedeutet, sollten Sie die Hausaufgabenbetreuung einige Zeit in fremde Hände legen. Auf diese Weise kann auch die Eltern-Kind-Beziehung entlastet werden. Solche Hilfestellung können ältere Schüler geben. Auch ältere Geschwister können einspringen. Sie sind viel näher dran am Stoff und kennen die Probleme aus eigener Erfahrung.

Für wen lernt das Kind?

Es kommt auf die Einsicht an und auf das Setzen eigener Ziele. Das Kind muss wissen, dass die Schule seine Sache ist. Es sollte verstehen, dass es nicht für die Eltern oder für die Schule lernt und die Eltern letztlich auch nicht die Verantwortung dafür haben, ob es Hausaufgaben macht oder nicht. Es darf aber ruhig wissen, dass sich die Eltern über Erfolge natürlich durchaus freuen, dass sie Anteil nehmen und selbstverständlich bei wirklichem Bedarf Hilfestellung geben. Wenn Sie sich dies bewusst machen und das Kind auf diesen Weg führen, wird die Familie entlastet und der ständige Druck durch die Hausaufgaben schwindet.

Vater und Mutter sind Ansprechpartner

Wichtig ist, dass konstruktive Unterstützung von beiden Elternteilen geleistet wird. Keinesfalls darf es nur die Aufgabe der Mutter sein, weil diese vielleicht nachmittags zu Hause ist. Eltern sollten sich die Aufgaben teilen, sonst kann das die Beziehung zu einem Elternteil oder auch die Elternbeziehung belasten.

Zeitmangel – ein großes Problem

»Regelmäßig« lautet das große Zauberwort.

Manchmal besteht auch die Gefahr, dass die Eltern bei den Hausaufgaben, aber auch bei Schulthemen überhaupt, zwischen Laisser-faire und plötzlicher Panik schwanken. Viele Familien sind heute stark belastet: Zeitmangel, verschiedenste Aufgaben und Anforderungen, damit hat man kaum den Kopf für eine regelmäßige – nicht ständige – Begleitung des Kindes frei.

Doch dieses Schwanken wirkt sich natürlich sehr negativ aus. Versuchen Sie, regelmäßige Zeiten für schulische Belange fest in den Wochenablauf einzuplanen. Das muss keineswegs täglich sein, aber vielleicht dreimal die Woche. Auf diese Weise bleibt Ihr Kind am Ball, es können sich keine großen Lücken auftun, es kann den Anschluss nicht verlieren und erfährt von Ihnen, dass Konsequenz und Kontinuierlichkeit möglich sind.

So helfen Sie Ihrem Kind bei den Hausaufgaben

- Gehen Sie von Anfang an überlegt an die Hausaufgabenhilfe heran, im Wissen, dass zu viel Hilfe und Kontrolle mehr schaden als nutzen.
- Berücksichtigen Sie, wobei Ihr Kind zuallererst Hilfe benötigt und weisen Sie ihm dabei die richtigen Wege.
  Sie wollen Ihrem Kind ja letztlich nicht jeden Tag konkret bei den Aufgaben helfen, sondern es anleiten, selbstständig zu lernen. Dazu muss Ihr Kind Motivation und Konzentrationsvermögen erwerben. Dann muss es aber auch lernen, richtig zu lernen.
- Helfen Sie ihm von Anfang an, seinen Nachmittag sinnvoll zu planen, so dass die Hausaufgaben einen festen Platz haben.
- Schaffen Sie mit ihm gemeinsam einen einladenden Arbeitsplatz und die richtigen Rahmenbedingungen.
- Stellen Sie fest, welcher Lerntyp Ihr Kind ist, und versuchen Sie entsprechend die Methodik abzuwandeln (s. S. 76 ff.).
- Machen Sie Ihr Kind mit hilfreichen Arbeitstechniken vertraut (s. S. 83 ff.).
- Zeigen Sie ihm, wie man die Aufgaben sinnvoll strukturiert (s. S. 102 ff.) und auch Pausen macht.
- Seien Sie in der Nähe, z. B. im Nebenzimmer mit einer (ruhigen) Arbeit beschäftigt, aber setzen Sie sich nicht die ganze Zeit neben Ihr Kind.

Seien Sie interessiert und engagiert, aber halten Sie Distanz.

- Motivieren Sie es durch Ihr Interesse und einige ermunternde Worte, ohne es unter starken Druck zu setzen.
- Wenn es Hilfe benötigt, geben Sie ihm einen Rat, wie es weiterkommen kann, statt gleich die Aufgabe mit ihm zu lösen. Besprechen Sie z. B. die Fragestellung gemeinsam oder zeigen Sie, wo man bei Problemen nachschlagen oder recherchieren kann.
- Nach getaner Arbeit vergessen Sie vor allem nicht, Ihr Kind für seine Zielstrebigkeit zu loben.

Richtig loben

Lob ist eine Streicheleinheit für die Seele des Kindes.

Grundsätzlich muss Lob ehrlich, zeitnah und gezielt erfolgen. Das geistesabwesende »Ja, das hast du schön gemacht«, wobei Sie in Gedanken schon längst woanders sind, schadet mehr, als es nutzt. Das Lob muss genau auf die Leistung ausgerichtet werden, z. B. auf die Konzentration, mit der Ihr Kind die Mathematikaufgaben angegangen ist, die Erzählung, die es am Stück ohne Unterbrechung und Gemecker geschrieben hat.
Das Lob muss also konkret sein; dann wird vom Kind auch wahrgenommen, was genau es nun besonders gut gemacht hat. Und eben dieses Lob wirkt als positive Verstärkung, und das erwünschte Verhalten wird auf diese Weise gefördert.
Ganz wichtig: Wenn es am Ergebnis tatsächlich einmal nichts zu loben gibt, dann loben Sie das Bemühen – wenn das Kind sich bemüht hat. Aber nur dann. Denn einem Lob muss immer eine Anstrengung vorausgehen, ein Lob muss verdient sein. Auf keinen Fall sollten Sie Ihr Kind wegen jeder Selbstverständlichkeit loben, denn dann macht Lob unselbstständig und kann auch dazu führen, dass das Kind sich überschätzt – und sich dann wundert, wenn es im Klassenverband von der Lehrerin oder in anderen Kreisen nicht ständig gelobt wird.

Unterstützung und Förderung durch das Elternhaus

Man spricht heute von »bildungsfernen« Elternhäusern, wenn sich das familiäre Zusammenleben vor dem Fernseher abspielt und Gespräche nur selten geführt werden. Schulerfolge sind in unserem Lande trotz aller Bemühungen um Chancengleichheit nach wie vor in besonderer Weise von der sozialen Herkunft und dem Bildungshintergrund der Eltern abhängig. Tragen die Eltern damit eine explizite Verantwortung? Soll das Kind noch in weiteren Bereichen gefördert werden?

Doch keine Sorge – es kommt zuallererst auf auf Ihr Interesse und Ihre Lebenseinstellung an. Damit wächst Ihr Kind bereits in einer dem Lernen förderlichen Umgebung auf. Was dies konkret bedeutet, erfahren Sie in diesem Kapitel.

Die Lernatmosphäre zu Hause

Gut haben es Kinder, die in einer dem Lernen förderlichen Atmosphäre aufwachsen. Ihre Eltern geben nicht nur die »richtige« Unterstützung bei den schulischen Aufgaben oder besuchen die Elternabende, nein, sie interessieren sich darüber hinaus auch wirklich dafür, was das Kind lernt. Sie lassen sich den Unterrichtsstoff auch einmal vom Kind erzählen, weisen auf Zusammenhänge im Alltag und mögliche Bezüge zum persönlichen Erfahrungshintergrund der Familie hin. Sie merken, wenn ein Thema ihr Kind besonders interessiert, regen es dann an, auf verschiedene Weise selbst Wissen dazu zusammenzutragen, gehen mit ihm auch einmal in die Bibliothek, machen eine Exkursion in die Natur oder besuchen ein Museum.

Gut haben es Kinder, wenn ihre Eltern selbst an Bildung interessiert sind, sich durch regelmäßige Zeitungslektüre, durch das Lesen von Büchern, in Gesprächen und Diskussionen selbst bilden und auch soziales Engagement zeigen. Dieses konkrete Vorbild der Eltern spielt eine wichtige Rolle.

Kinder beobachten sehr genau, wie ihre Eltern sich anstrengen.

Wenn Kinder Eltern erleben, die sich selbst immer wieder über längere Zeit in eine Sache vertiefen, die an einer Sache dran bleiben und in vielen Richtungen denken, dann erfährt das Kind, was Konzentration, Zielstrebigkeit und Bildung bedeuten. In einer solchen Umgebung entwickelt sich das Denken von Kindern in optimaler Weise.

Dazu gehört auch, dass Kinder bei ihren Eltern erleben, wie diese sich anstrengen, eventuell auch Unlust überwinden, um Aufgaben anzugehen. Lernen macht idealerweise Spaß, aber nicht immer ist es so – wie bei anderen Tätigkeiten auch. Manchmal muss man sich eben mit Dingen beschäftigen, zu denen man sich erst einen Zugang verschaffen, sich überwinden muss. Diese Anstrengungsbereitschaft und das Pflichtgefühl lernen Kinder zu Hause, und das trägt ebenso zum Schulerfolg bei. Gehen Sie also mit gutem Beispiel voran.

Die persönlichen Lernbedürfnisse

Die individuelle Form des Lernens können Eltern anregen.

Was an den Schulen in Deutschland bislang erst im Aufbau begriffen ist, in anderen Ländern (z. B. Finnland) jedoch bereits erfolgreich umgesetzt wird, ist die »Individualisierung« des Lernens. Dabei wird die Verschiedenheit von Schülerinnen und Schülern einer Lerngruppe berücksichtigt, um allen Lernenden optimale Fortschritte zu ermöglichen. Aspekte dabei sind die individuelle Betrachtung der Lernstände, der Leistungsfähigkeit, der Interessen, Neigungen und Persönlichkeiten von Schülerinnen und Schülern, aber auch ein Unterricht, der unterschiedliche Aufgaben und Lernmaterialien anbietet, die Schülerinnen zur Reflexion des Arbeitsfortschritts anregt sowie das selbstverantwortliche Lernen unterstützt – wie dies z. B. in Wochenplänen auch schon in der Grundschule häufig umgesetzt wird. Das bedeutet, dass nicht alle Schüler die gleichen Aufgaben machen, sondern dass jeder Schüler die Aufgabe löst, die ihn seinem Lernstand entsprechend nach vorn bringt. Und dies ist eine der effektivsten Formen des Lernens.

Das Kind wird gezielt gefördert

Es geht zum einen darum, Stärken und Schwächen des Kindes zu erkennen und gezielt Förderung zu leisten. Es geht zum anderen aber auch darum, in allen Bereichen unterschiedliche Formen des Lernens auszuprobieren und ganz verschiedene Lerntechniken anzubieten. Und das können Sie zu Hause in ganz besonderer Weise tun. Leiten Sie Ihr Kind an, seinen Lernprozess selbst wahrzunehmen, zu reflektieren und selbst nach geeigneten Methoden zur Erarbeitung bestimmter Unterrichtsstoffe zu suchen. In diesem Sinne bedeutet elterliche Unterstützung etwas ganz anderes als das Wiederholen des Schulstoffs am Nachmittag oder Abend.

Denken können Kinder allein

Berücksichtigen Sie die Eigenart Ihres Kindes beim Lernen.

In diesem Sinne bedeutet Förderung nicht, dem Kind zum momentanen Unterrichtsstoff noch viele weitere Bücher zu beschaffen oder es zusätzlich zu Förderkursen anzumelden. Erleichtern Sie Ihrem Kind die Lust am eigenverantwortlichen und selbstbestimmten Lernen. Führen Sie es an vielfältige Denkweisen und Informationsquellen heran.
Damit konzentriert bzw. beschränkt sich diese Förderung nicht auf den Schulstoff, sondern vermittelt Methoden, Neugierde und Selbstvertrauen, sich generell Wissen anzueignen und damit umzugehen, was wiederum dem schulischen Lernen zugute kommt. Kindern das Denken und das Lernen beibringen – das ist die große Herausforderung für die Eltern. Sie sollten für Fragen zur Verfügung stehen, aber Ihren Kindern auf keinen Fall das Denken abnehmen.

Die Erwartungen an das Kind

Bislang haben wir davon gesprochen, wie wichtig das Lernen ist und wie man es fördern kann. Es steht außer Zweifel: Wir wollen und sollen unseren Kindern helfen, ihr Potenzial zu entfalten und auszuschöpfen. Dabei besteht aber auch die Gefahr, dass engagierte Eltern ihr Kind unter Stress setzen und ungewollt permanent Druck ausüben. Wenn Schule unausgesprochen beinahe immer über dem Familienleben »schwebt«, wird das Kind unweigerlich darunter leiden.
»Du musst dich nur mehr anstrengen«, »Du könntest, wenn du nur wolltest«, »Wie sollen wir dich unterstützen?«, mit all diesen Erwartungen und Ansprüchen kann Schule schnell das Familienleben dominieren. Das ungezwungene »Miteinander-Leben«, die Freude an leistungsfreien Aktivitäten bleiben dann bald auf der Strecke. Leider wird sich das Kind nur noch in sei-

nen Schwächen wahrnehmen, sein Selbstwertgefühl wird sinken, Denkblockaden können entstehen und die Leistungen werden weiter nachlassen.
Ebenso nachteilig ist es, wenn schon früh bestimmte Festlegungen erfolgen: »Der will einfach nicht«, »Mathe ist gar nicht ihre Sache« ... Diese sogenannten sich selbst erfüllenden Prophezeiungen (self-fullfilling prophecies) können das Leistungsvermögen nachhaltig beeinträchtigen.

Leistungen sind wichtig, doch soll Schule nicht das Leben dominieren.

Überlegen Sie daher selbstkritisch:

- Wie wichtig sind uns gute Leistungen unseres Kindes? Wichtiger als alles andere? Und warum?
- Ist es für Ihr Selbstwertgefühl wichtig, dass Ihr Kind zu den Besten gehört?
- Soll Ihr Kind etwas erreichen, was Sie selbst vielleicht nicht erreicht haben?
- Wie geht es Ihrem Kind mit Ihren Erwartungen? Fühlt es sich überfordert? Verinnerlicht es den Erfolgsdruck von außen?
- Wie steht Ihr Kind in der Klasse da? Ist es in den Klassenverband eingebunden? Hat es Freunde?
- Was trauen die Lehrer ihm zu?
- Fixieren Sie Ihr Kind auf sein schulisches Leistungsvermögen und übersehen Sie andere Fähigkeiten?
- Wie viel Freizeit hat Ihr Kind und was tut es in dieser Zeit?
- Gibt es Wochenenden ganz ohne das Thema Schule?
- Haben Sie jetzt schon genaue Vorstellungen, auf welche weiterführende Schule Ihr Kind einmal gehen soll?

Die eigene Schulzeit

Erinnerungen an die eigene Schulzeit sind in diesem Zusammenhang manchmal sehr hilfreich. Was hat Ihnen (nicht) geholfen oder welche Hilfe und Unterstützung – durch Ihre

Versuchen Sie einmal selbstkritisch in Ihrer Kindheit nachzuforschen.

Eltern – hätten Sie gern gehabt? Führen Sie ein solches Gespräch mit Ihrem Partner/Ihrer Partnerin und überlegen Sie sich, welche Konsequenzen Sie daraus für den Umgang mit Ihrem eigenen Kind ziehen können.
Sprechen Sie mit Ihrem Kind über Ihre eigene Schulzeit. Vielleicht können Sie ihm aufzeigen, welche Hilfe für Sie wichtig war oder was Sie gern gehabt hätten.
Überlegen Sie auch einmal, ob Sie Ihrem Kind mit Ihren Reaktionen auf seine Schulerlebnisse unbewusst Ihre eigenen früheren Einstellungen bzw. die Haltung, die Ihnen selbst entgegengebracht worden ist (»Mathe ist eben schwer«, »Eine schlechte Note ist sehr schlimm«) vermitteln. Versuchen Sie auch, eigene Schulerlebnisse aufzuarbeiten und mögliche unbewusste Erwartungen an das Kind zu reflektieren.

Wichtig ist das Glück Ihres Kindes

Wichtiger als ständig gute Leistungen ist ein glückliches Kind mit vielfältigen Interessen und Selbstvertrauen. Dafür wird der Grundstein bereits in der Kindheit gelegt. Sehen Sie Ihr Kind daher auch immer in seiner gesamten Persönlichkeit. Nehmen Sie es so an, wie es ist. Schaffen Sie die Voraussetzungen für Lernerfolge, aber haben Sie auch einfach Spaß miteinander und denken Sie daran, dass Lernen viel mehr umfasst als schulische Leistungen zu erbringen.

Geduld und Konsequenz

Natürlich wollen Sie »das Beste« für Ihr Kind und das bedeutet heutzutage in aller Regel einen möglichst »hohen« Schulabschluss. Doch passen Sie auf, dass Ihr Kind dabei nicht »auf

der Strecke« bleibt. Orientieren Sie sich auch an seinen Möglichkeiten, natürlich an seinen Stärken, aber respektieren Sie auch seine Schwächen. Erst dann fühlt sich Ihr Kind von Ihnen wirklich angenommen.
Mit Freude und Spaß lernt man am besten, und am nachhaltigsten lernt man beim selbst entdeckenden Lernen.
Also pauken Sie nicht vom ersten Schultag an mit Ihrem Kind, mit der besten Absicht, dass es so erfolgreich sein wird. Denn so wird es seinen Weg nicht finden und die Gefahr ist groß, dass es irgendwann blockiert oder aussteigt.
Bleiben Sie im Kontakt mit der Lehrerin und üben Sie sich in Geduld, wenn nicht alles gleich perfekt gelingt. Und auch wenn Ihrem Kind in späteren Klassen nicht alles einfach so »zufliegt«, bleiben Sie offen und positiv eingestellt. Es gibt durchaus auch »Spätentwickler«, und unser heutiges Schulsystem ist nach oben hin doch sehr offen.

Überfordern kann man ein Kind sehr schnell, aber das führt nur zu Problemen.

Der Weg zum Abitur über die Realschule muss nicht schlechter sein als der direkte Weg durch ein Gymnasium. Vielleicht bleibt dabei mehr Selbstvertrauen erhalten und auch mehr Zeit für andere Interessen, die sich später in der Biografie durchaus vorteilhaft auswirken können. Und: Es gibt auch ein erfolgreiches Berufsleben ohne Abitur und Studium!
Zeigen Sie aber gleichzeitig auch Konsequenz, indem Sie ohne falschen Erfolgsdruck darauf achten, dass Ihr Kind »dranbleibt« und kontinuierlich arbeitet. Verlangen Sie dabei von ihm aber auch nicht mehr, als Sie sich selbst zumuten würden. Wollten Sie jeden Nachmittag – oder gar Abend – stundenlang das Gleiche üben, bis es »perfekt« sitzt? Und was heißt schon perfekt – Zahlen und Worte sollten leserlich sein, müssen aber nicht wie gemalt aussehen.

Wie reagieren bei schlechten Noten?

Schlechte Noten kommen wohl so gut wie in jeder Schullaufbahn vor. Bei den einen häufiger, bei anderen nur als Ausnahme. Eltern reagieren darauf oft sehr emotional ungehalten. Manchmal, weil das Kind einfach faul war und die Note mit ein bisschen Arbeit hätte vermieden können, oft aber auch, weil sie Angst haben, dass ihr Kind den Leistungsanforderungen nicht gerecht wird. Leicht wird dann auch nicht mehr zwischen der Note und dem Kind unterschieden. Das Kind erfährt sich in seiner ganzen Person als »dumm« und eben nicht als unzureichend nur in diesem einzelnen Leistungsnachweis. Bitte differenzieren Sie hier unbedingt.

Bei aller Bedeutung schulischer Noten ist eines auch klar: Noten geben eine Rückmeldung über die aktuelle Leistung, die Stärken und Schwächen eines Kindes im jeweiligen Fach. Fähigkeiten wie selbständiges Arbeiten, mündliches Engagement oder Zuverlässigkeit kommen darin kaum zum Ausdruck. Vergessen Sie auch nicht, dass Ihr Kind mit hoher Wahrscheinlichkeit selbst enttäuscht und belastet ist. Die meisten Kinder wollen erfolgreich sein und machen sich durchaus Gedanken darum. Reagieren nun die Eltern mit Schimpfen oder Schreien, fühlt sich das Kind noch mehr bedroht. Leicht empfindet es sich als ungeliebt. Zudem wird sein Selbstwertgefühl angegriffen.

Schnell stellen sich dann bei mehrmaligem »Versagen« Ängste ein. Der Druck wächst, was zu Lernblockaden und psychosomatischen Beschwerden führen kann. Manche versuchen auch, Noten zu verheimlichen, aus Angst, die Eltern wieder zu enttäuschen. Entsteht zu starker Druck, kann es auch zur Verweigerung kommen.

Nicht wenige Kinder setzen sich selbst unter Druck.

Wird jedoch umsichtig reagiert, kann eine schlechte Note sogar motivierend wirken: Das Kind erkennt, dass es etwas tun muss, es lernt sich anzustrengen. Es lernt aber auch, mit gelegentlichen Misserfolgen und Frustrationen umzugehen, die im späteren Leben nicht ausbleiben werden.

Überlegen Sie gemeinsam, wie es zu der schlechten Note kam:

- Hat das Kind nicht gelernt, das Falsche gelernt oder nur falsch gelernt?
- War es blockiert?
- Kam es mit der Zeit nicht hin?
- Hat es sich ablenken lassen?

Überlegen Sie nun gemeinsam, was es ändern kann:

Gemeinsam überlegen, konsequent handeln.

- Helfen Sie Ihrem Kind, den nicht beherrschten Stoff aufzuarbeiten.
- Setzen Sie beim konkreten Problem an.
- Bleiben Sie ruhig, gerade wenn Ihr Kind nicht sofort begreift.
- Bei häufigeren Problemen in einem Fach suchen Sie das Gespräch mit dem Lehrer.
- Erarbeiten Sie mit Ihrem Kind einen direkten Handlungsplan und damit zusammenhängend einen Lernplan (s. S. 102 ff.) unter dem Aspekt: Was ist verkehrt gelaufen, wie kann man dagegen vorgehen?

Möglichkeiten und Grenzen der Unterstützung

Wie bisher dargestellt wurde, ist nicht das regelmäßige gemeinsame Erledigen der Hausaufgaben oder das strenge Überwachen das Ziel elterlicher Unterstützung, sondern die frühe Vermittlung geeigneter Strategien zum eigenständigen Lernen. Dabei kann das Kind auch zunehmend Eigenverantwortung übernehmen. Das Lernen und die Noten sind Sache des Kindes. Ihre Aufgabe ist es, ihm bei seiner Lernorganisation zur Seite

zu stehen. Auf diese Weise entspannt sich das Familienleben und zudem sind die Aussichten auf schulischen Erfolg längerfristig viel besser.
Diese »Aufgabenverteilung« sollten die Eltern beherzigen und ihren Kindern verständlich machen. Auf einer solchen Basis geht es dann darum, gemeinsam die Rahmenbedingungen für erfolgreiches Lernen zu schaffen – und hier sind die Eltern mit ihrer Unterstützung von großer Bedeutung.
Ein fester Tagesablauf, regelmäßige Gespräche, eine arbeitsförderliche Atmosphäre, ein geeigneter Platz zum Lernen und feste Rhythmen sind es, was Eltern ermöglichen können und was in weiteren Kapiteln dieses Buches ausgeführt wird.

Richtig lernen, aber wie?

Bei den meisten Schülern besteht nicht das Problem, dass sie kurzfristig zu wenig Wissen haben, sondern dass sie nicht wissen, wie man richtig lernt. Natürlich ist dies nicht von heute auf morgen zu verwirklichen, sondern ein Prozess, ein Weg, der gemeinsam gegangen werden soll.

Wobei braucht das Kind Unterstützung?

Ursachenforschung ist und bleibt unverzichtbar.

Um diese Lernorganisation zu unterstützen, gilt es zunächst, ebenso wie bei der Hausaufgabenhilfe, nachzuforschen, worin das Kind Hilfe benötigt. Beobachten Sie, wie es Aufgaben angeht, welche Planung und Methodik es anwendet, welchen Zeitaufwand es benötigt und was dabei »herauskommt«.

- Geht es schwungvoll, aktiv und zielbewusst an die Aufgaben heran? Oder muss es motiviert werden und lernen Eigeninitiative zu entwickeln?
- Bleibt es bei der Sache oder ist es sehr schnell abgelenkt?
- Wie verhält es sich, wenn Schwierigkeiten auftauchen? Gibt es sofort auf und ruft nach Hilfe oder bemüht es sich, Lösungswege zu finden?
- Hat es häufig Verständnisprobleme?
- Braucht es effektivere Lernstrategien?

Auf diese Weise erkennen Sie bald, ob und wo Ihr Kind Unterstützung benötigt, und Sie können ihm zielgerichtet helfen. Sparen Sie nicht mit Lob, wenn es seine Sache gut gemacht und sich wirklich angestrengt hat.
Zusätzlich zu der Beobachtung, wie das Kind denkt und lernt (s. S. 96), entwickeln Sie in Absprache mit ihm die speziellen Ziele der Hilfestellung, die Sie über einen bestimmten Zeitraum hinweg konsequent verfolgen. Ab und zu sollten Sie überprüfen, ob das Kind die entsprechenden Fähigkeiten erworben hat und nun selbstständig arbeiten kann.

Verständnis und Zuwendung

Ihr Kind braucht nicht nur Ihre Förderung und Hilfestellung, sondern auch Ihre Annahme und Zuwendung. Bringen Sie ihm diese sanfte Unterstützung entgegen, indem Sie es spüren lassen, dass Sie sein Bemühen und manchmal auch seine Quälerei, aber auch seine Leistungen wahrnehmen und wertschätzen. Manchmal wirkt es schon Wunder, einfach mal ein Glas Saft an den Schreibtisch zu bringen. Ein aufmunterndes Wort zur rechten Zeit tut überaus gut. Die Erinnerung an etwas Schönes, das im Anschluss ansteht, wirkt bei Durchhängern motivierend. Oder streichen Sie ihm einfach mal über den Kopf.

Nähe können nur Sie als Eltern Ihr Kind spüren lassen.

Lesekompetenz

Da Lesekompetenz heute ein zentrales Schlagwort und das Fehlen dieser Kompetenz wahrlich erschreckend und von enormer Tragweite ist, hier noch einige Worte dazu. Unzureichende Lesekompetenz bedeutet, dass die Schüler zwar Wörter entziffern können, aber die Inhalte kaum verstehen.

Sie leisten einen wertvollen Beitrag, wenn Sie zu Hause mit Ihrem Kind lesen.

Schön, wenn das regelmäßige Vorlesen schon vom Kleinkindalter an zu Ihren häuslichen Gepflogenheiten gehört und auch Sie als Eltern selbst immer wieder zum Buch greifen. Führen Sie dies fort, indem Sie Ihrem Kind auch im Grundschulalter weiterhin vorlesen, sich aber auch die Zeit nehmen, mit ihm gemeinsam zu lesen, sich vorlesen zu lassen und – wenn es möglich ist – zeitnah über das Gelesene sprechen. Es gibt auch viele Möglichkeiten, bekannte Geschichten in der Fantasie fortzusetzen, Nebenpersonen eine Hauptrolle »anzudichten« oder andere »Enden« von Geschichten zu erfinden.

Texte wiedergeben können

Achten Sie von der ersten Klasse an auf sinnerfassendes Lesen; tun Sie dies ebenso bei Sachtexten, die Ihr Kind Ihnen in eigenen Worten wiedergeben kann.

Bei schwereren Texten zeigen Sie ihm, wie man sie sich abschnittsweise erarbeitet, in dem man z. B. zu jedem Abschnitt eine kleine Überschrift erfindet und die Kernaussage in ein, zwei Sätzen darunter schreibt. Auf diese Weise erkennen Sie nicht nur, ob Ihr Kind den Text verstanden hat, sondern es schult dabei auch das eigene Formulierungsvermögen und zeigt, ob die Zusammenhänge klar geworden sind.

Stellen Sie ihm zudem Fragen zum Text und bitten Sie um zusammenhängende Antworten in vollständigen Sätzen. Das Formulieren-Können und das Sich-Beziehen auf konkrete

Fragestellungen sind ebenfalls eine unverzichtbare und leider nicht mehr selbstverständliche Fähigkeit.

»Schreiben nach Gehör« – eine Rechtschreibkatastrophe?

Für viel Verunsicherung sorgt in den letzten Jahren eine von dem Pädagogen Jürgen Reichen in den 1970-er Jahren entwickelte Methode des Schreibenlernens nach Anlauttabellen, die an vielen Schulen angewandt wird. Kurz gesagt: Die Kinder schreiben Wörter, wie sie sie hören, und die falsche Rechtschreibung wird meist bis zur dritten Klasse nicht korrigiert. Doch was sich bis dahin falsch im Gedächtnis festgesetzt hat, ist danach oft nur noch schwer zu korrigieren. Das kann dazu führen, dass Schüler noch auf weiterführenden Schulen eine völlig unzureichende Rechtschreibung besitzen. Eltern sind ratlos, und auch unter Experten ist diese Methode sehr umstritten. Sehr begabte Kinder, so die Erfahrung, lernen die Rechtschreibung durch viel Lesen in der Regel dennoch, andere Kinder durch »Training« mit den Eltern. Kinder aber, die diese Unterstützung nicht haben, lernen, so die Befürchtung, nie mehr »richtig« schreiben. Vor allem für Kinder mit Zweitsprache Deutsch sei diese Methode eine »Katastrophe«, so meinen Experten. Daher raten nicht wenige Fachleute Eltern dazu, ihr Kind doch sensibel auf die »richtige« Rechtschreibung aufmerksam zu machen und evtl. auch mit dem Kind zu üben, am besten regelmäßig zehn Minuten am Tag. Am wichtigsten dabei ist es, Ruhe zu bewahren und dem Kind verständlich zu machen, dass es in der Schule nichts »Falsches« lernt, sondern das Schreiben nach Gehör nur eine vorübergehende Phase ist. Folgendermaßen können Sie vorgehen:

- Lesen Sie möglichst viel mit Ihrem Kind: Lesen Sie ihm vor, lassen Sie es kleine Texte selber lesen. So prägt es sich das Schriftbild ein.

- Spiele rund ums Lesen und Schreiben: Stadt-Land-Fluss, Leselern-Spiele, Kinder-Kreuzworträtsel, Quizspiele – »nebenbei« lernt Ihr Kind die Rechtschreibung.
- Beschriften Sie Dinge des Alltags, mit Aufklebern, Magnetbuchstaben, hängen Sie in der Küche eine Tafel für die Einkäufe auf oder Notizen usw.
- Karteikarte: Schreiben Sie jedes falsch geschriebene Wort aus Hausaufgaben und Diktaten richtig auf eine Karte.
- Laufdiktate machen Kindern Spaß: Dabei schaut sich das Kind ein Wort an, z. B. von der Karteikarte, läuft in ein anderes Zimmer, schreibt es auf und kommt zurück.
- Richtige Schreibvariante anbieten: Hat Ihr Kind einen Text voller Rechtschreibfehler verfasst, schreiben Sie den Text nochmal »richtig« daneben.
- Diktate können sinnvoll sein, wenn damit kein Druck ausgeübt wird. Denn dabei muss das Kind vor dem Niederschreiben das Wort jeweils kurz visualisieren, was das Einprägen unterstützt.

Jedes Kind ist anders – jedes Kind lernt anders

Jedes Kind hat seine ganz individuelle Persönlichkeit, seine spezielle bisherige Bildungsbiografie und die ihm eigene Art, sich Wissen anzueignen. In der Schule werden, was das Lernen betrifft, meist »alle über einen Kamm geschoren«, da das individualisierte Lernen noch lange nicht überall Einzug gehalten hat.
Und so erfahren Kinder in der Schule kaum, wie sie selbst am besten lernen können. Hier haben Sie als Eltern die Chance, Ihrem Kind Lernwege zu weisen, die auf seine persönliche Art des Lernens zugeschnitten sind.

Typgerecht und mit allen Sinnen lernen

Früher hieß es: still sitzen, Musik aus, lernen.

Wir wissen heute, dass Lernen auf ganz unterschiedliche Weise erfolgen kann. Viele Menschen lernen besser, wenn ein leises Hintergrundgeräusch zu hören ist, andere »flegeln« sich hin, statt gerade zu sitzen. Manche Schüler, die sogenannten auditiven Lerntypen, speichern schon in der Schule jedes Wort ab, andere verstehen den Stoff erst, wenn sie ihn in ein Bild umgesetzt haben, sich den Stoff also visuell vorstellen können.

Welcher Lerntyp bin ich?

Jeder Mensch hat seine spezielle Art zu lernen. Beliebt ist inzwischen die Einteilung in verschiedene Lerntypen, nach denen jeder Mensch ein bevorzugtes Sinnesorgan hat, über das er Informationen am besten aufnimmt.
Das Wissen um den eigenen Lerntyp ist hilfreich, allerdings spielt er nicht in dieser Ausschließlichkeit eine Rolle, wie eine Zeit lang propagiert wurde. Immer sind auch die anderen Sinneskanäle beim Lernen von Bedeutung. Daher sollte man den Schulstoff am besten auf möglichst vielfältige Weise vermitteln. Zudem sind für das Lernen natürlich noch einige andere Faktoren wichtig, nicht zuletzt das Temperament und die Arbeitshaltung Ihres Kindes.
Helfen Sie Ihrem Kind daher mit Hilfe dieses Kapitels herauszufinden, auf welche Weise es am besten lernt, und geben Sie ihm die Möglichkeit, dies zu Hause umzusetzen. Vielleicht können Sie ihm auch mit einigen Tipps helfen, wie es in der Schule seine spezielle Art zu lernen berücksichtigen kann.
Lassen Sie es zu Hause ruhig auch verschiedene Methoden des Lernens ausprobieren. Kinder tun häufig intuitiv noch das für sie »Richtige«. Vertrauen Sie Ihrem Kind und unterstützen Sie es dann auf diesem Weg.

Die Sinne bilden die Grundlage

Wenden wir uns zunächst einmal kurz der Informationsaufnahme zu, um zu verstehen, in welcher Weise die Sinne für das Lernen von Bedeutung sind und wie dieses Wissen bei der Feststellung des Lerntyps, aber auch zur Anwendung verschiedenster Lernmethoden umgesetzt werden kann.

Beim Lernen gilt es, alle Sinne einzuschalten.

Die Informationen aus der Außenwelt werden vom Babyalter an – auch bei späteren Lernprozessen – über die Sinne aufgenommen und als Reize im Gehirn weiterverarbeitet. Dabei hat jeder Mensch seinen bevorzugten Sinneskanal, über den er Informationen am besten aufnimmt. Grundsätzlich gilt jedoch, dass eine Sache bzw. ein »Stoff« viel besser und nachhaltiger ins Gedächtnis gelangt, wenn er mit allen Sinnen verarbeitet wird, als wenn er nur gelesen oder gehört wird.

Die Struktur der Aufnahmeintensität

Die Stoffaufnahme wie auch die Stoffverankerung lassen sich also stark verbessern, wenn Informationen über verschiedene Sinneskanäle »aufbereitet« werden, weil dann mehrere Bereiche des Gehirns aktiviert werden.

Wir behalten:

- 10 % von dem, was wir gehört haben,
- 30 % von dem, was wir gesehen haben,
- 50 % von dem, was wir gehört und gesehen haben,
- 70 % von dem, über das wir mit anderen gesprochen haben,
- 90 % von dem, was wir selber getan haben.

Die Lerntypen

Die grundlegenden Abläufe der Informationsaufnahme und -verarbeitung sind normalerweise bei allen Menschen gleich (s. auch S. 75). Die Sinne sind dabei die Empfangstationen von Informationen. Und sie sind verantwortlich dafür, dass wir doch alle zu einem gewissen Grad auf unterschiedliche Weise lernen. Denn jeder hat sein bevorzugtes Sinnesorgan, über das er Reize, d. h. Informationen, am besten aufnimmt.
Der eine lernt prinzipiell (aber nicht ausschließlich) am besten durch Sehen, der andere durch Hören und wieder andere durch eigenes Handeln.

Effektiv und nachhaltig lernt man, wenn man zwischen den Typen kombinieren kann.

Einteilung in Lerntypen

- auditiver Lerntyp – Hören
- visueller Lerntyp – Sehen
- kinästhetischer Lerntyp – Handeln
- kommunikativer Lerntyp – Sprechen

Der Hörtyp

Hörtypen haben es in der Schule am besten: Sie lernen vorwiegend über Gehörtes – indem sie etwas vorgetragen bekommen oder zu sich selbst sprechen.
Ihnen nutzen: Gespräche, Dialoge, Diskussionen, Geschichten erzählen, Reime machen, Lernkassetten, Inhalte durch Töne oder Musik ausdrücken, anderen etwas erklären (das ist aber für alle gut), beim Lernen den Stoff laut sprechen, rhythmisches Sprechen usw. Für sie gilt: Jedes Wort wird abgespeichert und ist später relativ schnell wieder abrufbar.

Der Sehtyp

Sehtypen lernen am besten durch Sehen und Beobachten, oder indem sie sich selber Bilder im Kopf bzw. auf dem Papier machen: Sie visualisieren.
Ihnen nutzen beim Lernen Hilfsmittel ganz unterschiedlicher Art wie z. B.: Skizzen, Lernposter, farbliche Markierung und die Gliederung von Texten, Lernkarteien, Videos, Arbeiten am Computer, Notizen machen, Strukturen legen, Mind Map.
Für sie gilt: Ein Bild sagt mehr als 1000 Worte.

Der Handlungstyp

Bei den Handlungstypen ist Lernen mit Bewegung verbunden. Körper, Hände, Gefühle wollen am Lernprozess beteiligt sein. Sie können Wörter lernen, indem sie hin- und hergehen. Sie können sich gut Texte einprägen, wenn sie sie wie ein Theaterstück spielen. Sie bauen sich gern Modelle. Sie müssen Sachen anfassen und mit ihnen hantieren.
Ihnen helfen beim Lernen Experimente durchführen, Notizen machen, Lernkarten sortieren und das Lernen in der Gruppe.
Für sie gilt: Ich verstehe nur, was ich selber tue.

Bei diesem Typ ist der ganze Körper am Lernprozess beteiligt.

Der kommunikative Typ

Daneben wird manchmal noch der kommunikative Typ angeführt, der ein Gegenüber zum Lernen braucht, sich austauschen und diskutieren muss und ein Feedback erwartet.

In der Schule wird Lernstoff in aller Regel über das Hören vermittelt. Dabei sind die auditiven Typen, denen dies entgegenkommt, zahlenmäßig in der Minderheit. Bitte berücksichtigen

Sie das zu Hause unbedingt und bieten Sie Ihrem Kind den Stoff typgemäß an. Dieses andere Vorgehen entspricht nicht nur besser den »Aufnahmekanälen« des Kindes, es wird auch seine Aufmerksamkeit durch die Neuartigkeit geweckt, was mit einer Verbesserung der Motivation einhergeht.

Lernen mit allen Sinnen

Wichtig ist, die Lernbedingungen auf den jeweiligen Lerntyp abzustimmen, um eine bestmögliche Aufnahme und Verankerung von Informationen zu gewährleisten. Daneben ist es immer sinnvoll, den Schulstoff »bunt« und abwechslungsreich, für mehrere Sinne aufbereitet, zu präsentieren.

Zur Vertiefung des Unterrichtsstoffes und der ebenfalls erforderlichen häufigen Wiederholung, damit er auch ins Langzeitgedächtnis gelangt (s. S. 27), bietet sich z. B. folgende Kombination von Lernwegen an:

- sich den Stoff zunächst in Ruhe in Bilder zu übersetzen, ihn zu visualisieren,
- sich ihn dann laut vorzusprechen,
- anschließend Stichpunkte strukturiert in den Computer zu tippen und
- ihn danach nochmals frei zu erzählen bzw. zu erklären.

Mit dem freien Sprechen haben Schüler häufig Probleme.

Immer empfehlenswert ist es, sich Themengebiete frei, in Zusammenhängen – und nicht einfach auswendig gelernt – erzählen zu lassen. Dabei versteht man die Zusammenhänge, kann den Stoff »handhaben«, und zusätzlich werden das Formulieren und freie Sprechen geübt.

Das Wesen Ihres Kindes

Bald nach der Geburt wird das Temperament und im Laufe der Monate auch immer stärker die Persönlichkeit eines Kindes erkennbar. Seien Sie sensibel dafür und nehmen Sie Ihr Kind in seiner Individualität wahr – im Umgang mit ihm, aber auch in seinem Bedürfnis, die Welt auf seine, ihm eigene Weise wahrzunehmen und zu erforschen.
Dieses persönliche Temperament spielt später auch beim Lernen eine Rolle. Es entscheidet ebenfalls, ob Ihr Kind

Vier Temperamente werden unterschieden. Meist tritt ein bestimmtes in den Vordergrund.

- sich etwas zutraut,
- neugierig oder zurückhaltend an die Aufgaben herangeht,
- sie zügig erledigt oder sie lange liegen lässt,
- unruhig ist oder bei Schwierigkeiten schnell frustriert.

Eine Wertung hinsichtlich seines Lern- und Leistungsvermögens ist damit keineswegs verbunden. So ist das eine Kind von klein an ruhig, beobachtet alles und bekommt doch alles mit, das andere ist aufgedreht, braucht immer einen Spielpartner und lernt aus diesem sozialen Umgang.

Temperamente in der Familie

Natürlich spielt das Temperament auch eine bedeutende Rolle für die Beziehung zwischen Ihnen und Ihrem Kind. Es gibt Mütter und Väter, die ein völlig anderes Temperament haben als ihr Kind. Das erleichtert die Beziehung nicht unbedingt, muss aber auch kein Nachteil sein. Es ist schon viel gewonnen, wenn man darum weiß und das so andere Verhalten des Kindes nicht einfach auf »Unfolgsamkeit« zurückführt, sondern ein Stück weit von seinem Wesen her erklären kann und damit auch die eigenen (Erziehungs-)Ansprüche relativieren bzw.

anpassen kann. Wer selbst sehr ruhig und zurückhaltend ist, empfindet sein lebhaftes Kind schneller als vorlaut oder ungestüm als Eltern, die selbst sehr temperamentvoll und laut sind. Das Temperament eines Menschen bestimmt ganz wesentlich seine Persönlichkeit und auch die Art und Weise, wie es an Dinge herangeht und sich im Alltag verhält. Besonders unter Anspannung oder Stress kommt das individuelle Temperament oft sehr deutlich zum Ausdruck – was in Schuldingen und bei den Hausaufgaben durchaus vorkommen kann.

Temperamentstypen kannte man schon in der Antike

- der Sanguiniker
- der Choleriker
- der Melancholiker
- der Phlegmatiker

Eine gewisse Grundhaltung können Sie sicherlich bei Ihrem Kind und bei Ihnen selbst erkennen.

Das persönliche Temperament

Wenn Sie nicht sicher sind, zu welchem Typ Sie gehören, machen Sie einen Test.

Ihr Verständnis für Ihr Kind kann die Lernsituation wesentlich erleichtern, wenn Sie wissen, welches Temperament Ihr Kind – und Sie selber – haben. Dies erklärt über den Lerntyp hinausgehend zusätzlich, warum es so schwierig ist, wenn in der Schule alle nach der gleichen Methode lernen sollen. Beobachten Sie daher einmal, welches Temperament bei Ihrem Kind vorherrschend ist, und nutzen Sie dieses Wissen sowohl im normalen Alltag als auch, wenn Sie es beim Lernen unterstützen.

Sanguiniker

Das Lernen wird leichter, wenn man auf das Temperament seines Kindes reagieren kann.

Lebhafte, an allem interessierte Kinder, die oft auch wenig schlafen und über enorme Energie verfügen, lassen sich dem sanguinischen Typ zuordnen. Sie haben ständig neue Ideen im Kopf, aber damit auch wenig Geduld, sich intensiv auf etwas einzulassen. Bei den Hausaufgaben wollen sie schnell fertig werden und machen daher viele Flüchtigkeitsfehler. Auch die Ordnung lässt oft zu wünschen übrig.
Sie helfen Ihrem Kind, wenn Sie ihm beibringen, strukturiert und bewusst an Aufgaben heranzugehen, sich nicht so schnell ablenken zu lassen und getane Arbeit nochmals genau zu kontrollieren. Dabei können Wochenpläne und Ordnungssysteme eine Hilfe sein. Durch Abfragen bzw. gemeinsames Besprechen des jeweiligen Schulstoffs können Sie überprüfen, ob es das Gelernte auch wirklich verstanden und verinnerlicht hat.

Choleriker

Auch sehr aktiv und oft ungestüm sind die Choleriker. Allerdings wollen sie gern Chef sein, wissen oft alles besser und wollen ihren Willen durchsetzen. Geht das nicht, sind sie schnell erregt und die Emotionen kochen leicht hoch.
Choleriker haben oft den Blick für das Wesentliche und arbeiten so auch in der Schule. Sie können sehr ehrgeizig sein und sich dann auch in etwas verbeißen. Sind sie nicht so erfolgreich, ärgern sie sich sehr, sehen die Schuld dafür aber eher bei anderen als bei sich selber. Sie besitzen viel Energie und damit auch Anstrengungsbereitschaft, was grundsätzlich durchaus positiv ist.
Sie helfen Ihrem Kind, wenn Sie es zu Besonnenheit und Toleranz anleiten. Es muss verstehen, dass man mit anderen zusammenarbeiten muss und nicht immer Recht haben kann, und

dass man bei Problemen oder Fehlern die Ursache erst einmal bei sich selbst suchen muss. Leiten Sie es auch zu genauem Arbeiten an und zeigen Sie ihm, wie es seine Aufgaben selbst überprüfen kann, um Schussligkeitsfehler zu verhindern.

Melancholiker

Sie sind sehr sensibel, fast empfindlich und reagieren stark auf die Stimmung in der Familie. Auch Streit mit Freunden setzt ihnen sehr zu. Melancholiker suchen Harmonie und möchten es immer allen recht machen. Schnell neigen sie allerdings zu Perfektionismus, auch bei den Hausaufgaben.
Sie nehmen gerade die Schule sehr ernst und sind dort ebenfalls sehr genau. Die Gefahr ist, dass sie sich überfordern, pessimistisch werden und nie mit sich zufrieden sind. Verstärken Sie daher das Pflichtbewusstsein Ihres Melancholikers nicht auch noch, sondern bringen Sie etwas Leichtigkeit in sein Leben und stärken Sie sein Selbstvertrauen. Lassen Sie Ihr Kind Dinge tun, die ihm Spaß machen, und vermitteln Sie ihm, dass niemand immer alles perfekt machen kann. Achten Sie darauf, dass es sich in der Schule nicht selbst überfordert.

Phlegmatiker

Phlegmatiker müssen von den Eltern angetrieben werden.

Als Baby schon ziemlich »pflegeleicht«, können sie sich auch später stundenlang selbst beschäftigen. Diese Kinder fügen sich meist problemlos in Gruppen ein und ordnen sich leicht unter. Dabei sind sie eher langsam, und es fehlt ihnen oft an eigenem Antrieb bei schulischen Dingen. Die Hausaufgaben vertrödeln sie gern. Hier können Sie als Eltern von Anfang an auf konsequentes, zeitgerechtes Arbeiten bestehen. Fördern Sie auch das Selbstbewusstsein, so dass Ihr Kind einmal eigene Vorschläge in eine Gruppe einbringt, und wecken Sie seine Neugierde an den verschiedensten Dingen des Lebens. Wichtig ist, dass es lernt, sich selbst zu motivieren und eigene Zugänge und Ansätze fürs Arbeiten zu finden.

Gehirngerechte Lern- und Arbeitstechniken

Gehirngerechtes Lernen erleichtert wesentlich den Lernprozess.

Vor dem Hintergrund um das Wissen des individuellen Lerntyps und Temperaments Ihres Kindes können Sie nun geeignete Lern- und Arbeitstechniken auswählen, die speziell dem Lernverhalten Ihres Kindes entgegenkommen. Grundsätzlich gilt, dass Strukturierung und Methoden der Visualisierung praktisch jedem Menschen das Lernen erleichtern.
Wenn Sie Ihrem Kind zu Hause auf diese Weise helfen, selbst aktiv zu werden, erwirbt es Kompetenzen, sich eigenständig Wissen anzueignen. Das gehirngerechte Lernen ist dabei eine hilfreiche Komponente, die sich aus der Hirnforschung ergeben hat. Es bedeutet, einen Lernstoff so aufzubereiten und anzubieten, dass er auf die strukturelle Funktionsweise des Gehirns

Das Zusammenspiel der Neuronen

Vera F. Birkenbihl begann bereits vor Jahrzehnten, erste Forschungsergebnisse zum Zusammenspiel einzelner Neuronen im Gehirn (»networking«) aufzulisten. Das Wissensnetz umfasst alles, was man bisher gelernt hat. Es ist aber nicht nur ein passiver »Wissensschatz«, sondern auch eine Art Weichenstellung für die Grundlage aller weiteren geistigen Tätigkeiten, die vom Wahrnehmen an sich über die Selektion und Interpretation bis zur Reflexion der »Wirklichkeit« reicht.

abgestimmt ist und so optimal aufgenommen und verankert wird. Damit ergänzt es das lerntypgerechte Lernen. Der Begriff stammt von der Expertin der Lernforschung Vera F. Birkenbihl (s. Kasten S. 83). Methoden hierzu sind z. B. das Wissensnetz, das Mind Mapping oder auch die altbewährte Lernkartei. So ist grundsätzlich jede Form der Visualisierung, also der bildhaften Aufbereitung eines Lernstoffes, eine sehr effektive Lernmethode.
Probieren Sie von den ersten Klassen an aus, womit Ihr Kind gut zurecht kommt, und führen Sie es an entsprechende Formen des Lernens heran. Die Beherrschung dieser Methoden und Techniken wird ihm sein Leben lang zugute kommen.

Das Wissensnetz

Das Wissensnetz basiert auf der Tatsache, dass man am besten lernt, wenn man bereits Vorkenntnisse hat, d. h. an Bekanntes anknüpfen kann, und wenn man nichts ohne Zusammenhang lernen muss. Das kennen Sie sicher auch aus eigenen Lernerfahrungen. Dieses Lernen auf der Basis eigener Erfahrungen erleichtert die Aufnahme komplexer Sachverhalte. Ganz konkret – und sicher auch sehr einsichtig – bedeutet dies: Je mehr alltägliches Wissen ein Kind besitzt, umso leichter fällt es ihm, Neues zu lernen. Und das gilt auch für Schulstoff, weil dieser an bereits bekannte Begriffe anknüpfen kann.

Viele Museen bieten kindgerechte Führungen oder Audioguides an.

Dieses Prinzip kennen wir alle: Von einem völlig unbekannten Themengebiet bleibt bei uns nach einem Vortrag wenig hängen, weil wir keine Ansatzpunkte haben, das Ganze einzuordnen und mit bereits Bekanntem zu verbinden.
Vermitteln Sie Ihrem Kind also »Allgemeinbildung« aus allen Bereichen des Lebens und weisen Sie es immer wieder auf Zusammenhänge hin. Auf diese Weise bildet sich bei ihm ein Wissensnetz aus, das nicht nur die Aufnahme neuen Stoffs

erleichtert, sondern auch sein Wahrnehmungs- und Reflexionsvermögen fördert. Spiele sind dazu bestens geeignet, z. B. das altbewährte »Stadt-Land-Fluss«. Und natürlich trägt viel Vorlesen und Lesen zur Ausbildung eines engmaschigen Wissensnetzes bei. Gerade Kindersachbücher sind dazu sehr geeignet. In diesem Zusammenhang darf ebenfalls auf entsprechende Fernsehsendungen, wie kindgerechte Magazine oder Dokumentationen, hingewiesen werden.

Gedächtnistraining

Durch sogenannte **Mnemotechnik** lässt sich die Gedächtnisleistung enorm steigern, ja sogar unglaublich, wenn man nur an die Gedächtniskünstler denkt.
Grundsätzlich ist jedoch zu bedenken, dass jede Form des Gedächtnistrainings, das kann auch Schach oder das Lösen von Kreuzworträtseln sein, zwar das Wahrnehmungsvermögen und

Die Anwendung der Mnemotechnik

Normalerweise kann ein Mensch nur fünf bis neun Dinge gleichzeitig im Gedächtnis behalten. Diese Anzahl lässt sich durch bestimmte Tricks steigern, bei denen es darum geht, abstrakte Dinge oder Zahlen mit konkreten Vorstellungen zu füllen.
Das kann z. B. in Form einer Verkettung bildhafter Vorstellungen geschehen, wobei man sich eine Geschichte ausdenkt mit den Dingen, die man sich merken will. Eine andere Möglichkeit besteht darin, Namen oder Fakten mit einer konkreten Vorstellung, z. B. einem tatsächlichen Geschehen, zu verbinden.

Erinnerungen werden in Form von Gedächtnisbildern an imaginären Orten abgelegt.

die Aufmerksamkeit steigern, nicht aber die Gedächtnisfähigkeiten. Das heißt, man kann sich damit zwar einzelne Dinge besser merken, nicht aber das Verständnis und die Verankerung komplexer Inhalte grundsätzlich verbessern.

Es gibt viele Methoden, deren Erlernen oftmals auch für Kinder propagiert wird.

Viele Kinder haben aber durchaus Spaß an solchen Übungen und sie lernen dabei auch sich zu konzentrieren und erfahren, dass es ungewöhnliche Wege gibt, Aufgaben zu erledigen.
Es wird oft beklagt, dass Kinder kaum noch Kinderlieder kennen und wenig Gefühl für Rhythmus haben. Dabei fördert diese Verbindung von Text und Musik – auch durch die Reimform und die Wiederholungen – die Merkfähigkeit und das Sprachvermögen in ganz besonderer Weise.
Übrigens: Zum Gedächtnistraining gibt es auch eine Vielzahl empfehlenswerter Spiele – vielleicht wäre das etwas für einen verregneten Sonntagnachmittag?

Auswendiglernen

Gedächtnistraining muss gar nicht so kompliziert sein. Das Auswendiglernen von kleinen Reimen, Kindergedichten, auch Nonsensgedichten, macht Kindern großen Spaß und fördert ebenso die Gedächtnisfähigkeiten. Vergessen Sie auch die Kinderlieder nicht.

Visualisieren

Den Gedächtnistricks und der Merkfähigkeit, so haben wir gesehen, liegt die Umsetzung in plastisch-figürliche Formen zugrunde. Diese Methode lässt sich nun auch ohne weiteres für abstrakte komplexe Lernstoffe übernehmen. Die sogenannte Visualisierung ist eine sehr wertvolle Arbeitstechnik. Es geht

Visualisieren – Ideen sichtbar machen

Visualisieren bedeutet, etwas optisch betonen und herausstellen oder auch Ideen in Bilder umzusetzen, damit es Aufmerksamkeit erregt.

im Wesentlichen darum, den Schulstoff so aufzuarbeiten, dass er von den Schülern in anschaulicher Darstellung aufgenommen werden kann.
Bilder wecken oft auch emotionale Reaktionen, was wiederum das Lernen und das Behalten erleichtert (s. S. 28). Fast jeder Mensch hat die visuelle Fähigkeit, sich an Alltagsdinge in Bildsequenzen zu erinnern. Diese Fähigkeit gilt es auf schulische Inhalte oder Bereiche, wie Mathematik, Lesen usw. anzuwenden. Das Kind kann somit Dinge oder Informationen vor seinem inneren Auge auf einer Art Tafel sehen und sie auf diese Weise verinnerlichen.

- Leiten Sie Ihr Kind an, die Augen zu schließen und im Kopf einen Film ablaufen zu lassen; dann soll es versuchen, die Anweisungen bei den Aufgaben in Bilder umzusetzen.
- Visualisierung bedeutet auch, dass Texte durch Marker mit verschiedenen Farben gekennzeichnet werden und bei der Erstellung von Schriftlichem auf eine deutliche, übersichtliche Gliederung geachtet wird, damit Wesentliches rasch erfasst werden kann.
- Die Inhalte von Sachtexten lassen sich in Strukturbildern und -skizzen anschaulich darstellen und sich bildlich im Gedächtnis abspeichern. Dabei werden die wesentlichen Begriffe/Inhalte in einer Art »Begriffslandkarte« in ihren Zusammenhängen und Beziehungen mithilfe einer Grafik verdeutlicht.

Themen werden verständlicher, sie lassen sich leichter abrufen und wiedergeben.

- Auch Eselsbrücken sind Visualisierungshilfen. Daneben ist es hilfreich, Lernplakate/Lernposter mit den wesentlichen Lerninhalten, Vorstellungsbildern und Skizzen anzufertigen. Lernposter können dann auch an die Wand gehängt werden.

Mind Mapping

Beim Mind Mapping werden Synergieeffekte genutzt. Es entstehen »merkwürdige« Bilder.

Eine besondere Form der Visualisierung ist die Technik des Mind Mappings. Es gehört wie das Brainstorming zu den Kreativitätstechniken und beinhaltet, die Gedanken in der Reihenfolge zu Papier zu bringen, wie sie in den Sinn kommen. Dabei sind Gedankensprünge möglich, denn der jeweilige Gedanke muss nicht bis zu Ende verfolgt, sondern kann auf der Karte später wieder aufgegriffen und »weiterbearbeitet« werden. Durch die grafische Darstellung kann das Problem in seiner Komplexität dargestellt und Denkprozesse können strukturiert werden. Es entsteht ein Bild der Gedanken, das an jeder Stelle jederzeit ergänzt werden kann.

Im Vergleich zur linearen Reihenfolge, in der Gedanken normalerweise aufgeschrieben werden (Stoffsammlung), braucht man hier keine weiteren Arbeitsschritte, um die aufgeschriebenen Gedanken zu strukturieren. Bei dieser Technik werden sowohl die linke Gehirnhälfte (logisches, analytisches Denken) als auch die rechte Gehirnhälfte (bildhaftes, ganzheitliches Denken) aktiviert. Auf diese Weise werden Ideen ideal genutzt, und ganz nebenbei steigert diese Technik auch Motivation und Konzentration.

Ein Mind Map eignet sich sehr gut für das Erarbeiten und – den eigenen Gedankengängen folgende – Einprägen von Themen aus den Lernfächern; das kann bereits in der Grundschule Sachkunde sein, später dann Fächer wie Biologie, Erdkunde usw. Es kann ideal auch für Deutschthemen sowie in der Oberstufe für sämtliche Aufgabengebiete genutzt werden.

Wiederholen

Wohl zu den wichtigsten Lerntechniken, die aber kaum als solche angesehen wird, gehört das Wiederholen, auf das bereits eingegangen wurde (s. S. 29). In höheren Klassen ist es auch wichtig, sich im Unterricht eigenständig Notizen zu machen, also selbst Mitschriften anzufertigen und nicht nur von der Tafel abzuschreiben, anhand derer später wiederholt werden kann.

Die Lernkartei

Eine ideale Möglichkeit, um in kleinen Portionen, mit mehreren Sinnen (lesen, vorlesen, schreiben, möglichst visualisieren) und mit effektiven Wiederholungen zu arbeiten, bietet die Lernkartei.
Das Lernen mit der Lernkartei kann in allen Fächern sinnvoll sein, bereits in der Grundschule mit Lernwörtern, Einmaleins-Aufgaben usw., später dann auch in Lernfächern wie Biologie oder Erdkunde. Auf diese Weise lassen sich alle Inhalte, die man sich nicht merken kann, festhalten (evtl. in Form von Fragen) und wiederholen. Mit der Lernkartei wird gewährleistet, dass man Dinge regelmäßig wiederholt und das, was nicht sitzt, zusätzlich zuverlässig übt.

Ursprünglich wurde die Lernkartei vor allem für das Vokabeltraining entworfen.

Im Folgenden wird die Arbeit mit der Lernkartei am Beispiel von Vokabeln gezeigt:

- Eine Lernkartei ist üblicherweise in fünf Fächer unterteilt. In diese Fächer kommen die Kärtchen, auf denen die Vokabeln stehen. Das deutsche Wort steht auf der Vorderseite des Kärtchens und das Wort der Fremdsprache auf der Rückseite des Kärtchens. Man schreibt das Wort, das man lernen möchte bzw. sich nicht merken kann, auf die eine Seite, das entsprechende in der Fremdsprache auf die andere. Dabei wird das Wort bereits laut gesprochen.

Machen Sie Ihr Kind mit dem Umgang mit Duden, Lexika usw. vertraut.

- Neue Wörter kommen zuerst in Fach eins. Beim Lernen mittags (maximal 5 bis 7 Stück) liest man nun das neue deutsche Wort (z. B. »Hund«) und soll dann z. B. das englische Wort dafür nennen. Dann dreht man das Kärtchen um und kontrolliert die Antwort.
- Abends wiederholt man das Vokabelpaket, am nächsten Tag wieder. Jedes Vokabelkärtchen, das nun richtig beantwortet wurde, wird in Fach zwei gelegt. War die Antwort falsch, bleibt das Kärtchen in Fach eins; diese Wörter werden am selben Tag nochmals wiederholt. Die anderen wiederholt man an den nächsten drei Tagen, dann nach einer Woche und nach einem Monat.
- In Fach zwei befinden sich also nur Kärtchen mit Wörtern, die schon einmal richtig beantwortet wurden. Beantwortet man dann beim »Kontrollgang« am Abend ein Kärtchen aus Fach zwei richtig, kommt es in Fach drei, stimmt die Antwort nicht, muss es zurück in Fach eins usw.

Arbeitsblätter selbst erstellen

Am besten lernt man, wenn man die Inhalte selbst bearbeitet und präsentiert. Daher ist es eine wunderbare Lernhilfe, Arbeitsblätter zu einzelnen Themen zu erstellen.
Auf diese Weise kann Ihr Kind sowohl Schulstoff wiederholen und vertiefen als sich auch auf neue Themen vorbereiten. Das kann schon in der ersten Klasse beginnen und sich ohne weiteres bis zum Abitur durchziehen. Wenn Sie Ihr Kind dabei anfangs unterstützen und ihm helfen, eine Struktur zu entwickeln und systematisch vorzugehen, kann sich daraus eine individuelle Arbeitsblattsammlung entwickeln, die archiviert wird und auf die Ihr Kind jederzeit zurückgreifen kann.

Durch die Strukturierung des Stoffes – auch in grafischer Aufbereitung, in Stichworten und Übersichten – mit Hilfe von Schwerpunkten und unterstützt durch Farben, wird der Stoff in besonderer Weise aufgenommen, es werden neue Zusammenhänge hergestellt und durch die Visualisierung zusätzliche Sinneskanäle erschlossen.
All das fördert den Lernprozess ungemein. Das Kind lernt, die wichtigen Informationen herauszufiltern, Wesentliches von Unwesentlichem zu trennen und selbst formuliert darzustellen.

Was man selbst tut, prägt sich am besten ein.

Muster für Arbeitsblätter anlegen

- Entwickeln Sie mit Ihrem Kind gemeinsam ein Muster-Arbeitsblatt. Anfangs kann dies handschriftlich sein, später dann am PC entworfen werden.
- Halten Sie sich an ein vorgegebenes Layout und eine gleichbleibend saubere Ausarbeitung.
- Wichtig ist jeweils die Formulierung einer Überschrift für das Themengebiet.
- Eine selbst gestellte Aufgabe zeigt, ob der Stoff tatsächlich verstanden wurde.

Die Fähigkeit der Präsentation, heute ebenfalls ein wichtiges Thema, erwirbt es dabei ebenfalls ganz nebenbei. Es lernt strukturiert zu denken und Inhalte konzentriert und zusammenhängend darzustellen.

Lernen mit Bewegung

Bewegung fördert die Konzentration (s. S. 35). Die Konzentrationsphase ist im Grundschulalter sowieso gering. Regen Sie Ihr Kind an, manche Dinge auch mal auf unkonventionelle Art und nicht im Sitzen zu lernen: Gedichte und Vokabeln im Laufen, Vokabeln kann man beim Zuwerfen eines Balles abfragen, ein Thema beim Spaziergang durchsprechen. Dabei lernt das Kind auch frei zu reden und Zusammenhänge herzustellen.

Lernen mit dem PC

Es gilt, Kindern den berühmten Mittelweg im Umgang mit dem PC beizubringen.

Mit Computer und Internet wachsen Kinder heutzutage auf. Medienkompetenz ist etwas, das Kinder schon im Vorschulalter vermittelt bekommen sollten, weil es die ganze Kinder- und Jugendzeit über ein Thema bleibt. Einen Großteil unserer Informationen beziehen wir heute alle aus dem Internet, Schreibmaschinen kennen viele Kinder gar nicht mehr. Das Verfassen von Texten am PC wird heute im Allgemeinen von Lehrern erlaubt. Dies erleichtert vieles, gerade auch für Kinder mit fein-

Wie sieht es mit der Nutzung des PC für die Schule aus?

Ein PC kann sowohl in der Schule als auch bei der häuslichen Nutzung für die Schule ganz unterschiedliche Funktionen haben: vom reinen Schreib- über ein Gestaltungswerkzeug bis hin zur Nutzung bei verschiedenen Lern- und Übungsformen. Dabei spielt die Informationsrecherche ebenso wie die Wissensvermittlung eine Rolle. Auch als Kommunikationsmittel mit der Schule kann der PC eine Rolle spielen.

motorischen Schwächen und Problemen mit dem Schreiben. Für alle Schüler erleichtert es die Überarbeitung und das Korrigieren von Fehlern. Für viele Fächer ist der PC als Arbeitsmittel geeignet, auch zum Erstellen von Tabellen oder Übersichten. Die damit mögliche grafische Aufarbeitung kommt der Visualisierung als Lerntechnik entgegen. Zudem gilt die Beherrschung des PC heute als selbstverständlich.
Natürlich ist der PC auch unerschöpfliche Informationsquelle, so können z. B. Lexika auf CD-Rom/DVD angeschaut werden. Sie haben den Vorteil, auch Animationen oder Tonaufzeichnungen anzubieten, z. B. Musik- oder Videoaufnahmen.

Machen Sie Ihr Kind mit dem Internet vertraut.

Zur Recherche im Internet

Dabei sollte man das Kind von klein an durch gemeinsames Surfen anleiten. Die Gefahr besteht darin, dass es im Web unendlich viele Informationen gibt. Hier kann sich das Kind allein nicht zurechtfinden.

Auf die leider vielfach genutzte Möglichkeit, Referate und Hausarbeiten aus dem Internet zu kopieren, soll an dieser Stelle auch hingewiesen werden. Nicht nur, dass Lehrer eine solche »Hilfe« meist schnell am Stil erkennen, auch fehlt dem Schüler das notwendige Hintergrundwissen, da er das Thema nicht selbst erarbeitet hat. Der Stoff wurde nicht wirklich durchdrungen und wird so nicht beherrscht. Auf diese Weise lernt der Schüler die Methode des Recherchierens, Bewertens, Umsetzens von Informationen sowie das Erstellen eines Referats nicht selbst. Das sind jedoch unabdingbare Arbeitstechniken, die ständig gefordert werden.
Bei Lernsoftware gibt es ein unüberschaubares riesiges Angebot, nicht immer von guter Qualität. Oft werden dem Schüler

nur geringe Anforderungen, z. B. beim Ausfüllen von Lückentexten oder Ankreuzen richtiger Antworten, abverlangt. Kreative Lernmethoden sind das nicht.
Von den Schulbuchverlagen gibt es allerdings auch Lernsoftware, die auf die Schulbücher abgestimmt ist und durchaus hilfreich sein kann. Fragen Sie den Fachlehrer, wenn Sie meinen, dass Ihr Kind durch Lernsoftware gefördert werden sollte.

Stärken erkennen – Begabungen fördern

Betrachten Sie Ihr Kind einmal mit einem »außerschulischen« Blick. Seine Besonderheiten sagen einiges darüber aus, wie es in der Schule in verschiedenen Bereichen klarkommen wird.

Die Stärken und Schwächen des Kindes beeinflussen seine schulischen Leistungen.

- Was kann Ihr Kind richtig gut?
- Woran erfreuen Sie sich besonders bei ihm?
- Was zeichnet es aus im Umgang mit anderen Menschen?
- Ist es ein wahrer Sonnenschein, der offen auf andere zugeht? Oder eher nachdenklich?
- Will es immer alles genau wissen?
- Ist es schüchtern oder anhänglich?
- Liegen seine Stärken im körperlichen Bereich, in seiner Motorik und Geschicklichkeit?
- Oder eher im emotionalen Bereich: Ist es sensibel, einfühlsam und erfasst vieles intuitiv?
- Arbeitet es vor allem mit dem Kopf: Beobachtet, überlegt, schlussfolgert es gut?

Fördern Sie Stärken, wie z. B. motorische Fähigkeiten, die nicht direkt etwas mit Schule zu tun haben. Sie festigen sein Selbstbewusstsein, was sich auch auf schulische Bereiche auswirkt. Zu Hause haben Sie die Chance, auf die Stärken und Schwächen einzugehen. Leiten Sie Ihr Kind dazu an, selbst zu erkennen, was es gut kann, wo es nach besonderen Strategien suchen muss, und zeigen Sie ihm dazu Wege und Methoden. So vermitteln Sie ihm auch, dass es immer Wege gibt, auftretende Lernhürden durch individuelle Maßnahmen zu meistern.

Schulen gehen neue Wege

Es ist sehr von Vorteil, dass das schulische Lernen heute immer »offener« wird. Da kann es durchaus von Bedeutung sein, z. B. gut Theaterspielen zu können – was nachgewiesenermaßen übrigens auch die Schulleistungen verbessert.
Dieses Eingehen auf individuelle Lernvoraussetzungen und die Förderung von Stärken bzw. gezielte Arbeit an Schwächen ist heute zunehmend auch ein Ziel der Schulen, vor allem der Grundschulen. Bei ihnen hat es sich gezeigt, dass gerade die Länder im internationalen Schulvergleich besonders gut abgeschnitten haben, in denen für jedes Kind ein individueller Lernplan erstellt wird, in denen also nicht ein »Lehrplan« auf alle Kinder gestülpt wird.
Es gibt auch hierzulande schon Schulen, an denen Lehrer für jedes Kind einen individuellen Förderplan erstellen. Dabei werden an Kinder mit besonderen Begabungen besondere Anforderungen im Unterricht gestellt. Kindern mit Lernschwächen werden geeignete Lernhilfen zur Verfügung gestellt. Zudem sollen alle Begabungsgruppen miteinander arbeiten, damit sie auch voneinander lernen.

Einige Schulen gehen schon heute auf besondere Fähigkeiten von Schülern ein.

Auch die Tatsache, dass jedes Kind in seiner Andersartigkeit vom Lehrer wahrgenommen werden muss, weil nur so Lernen gelingen kann, ist eine Erkenntnis, die sich zunehmend an den Schulen durchsetzt. Das erfordert vom Lehrer eine besondere Haltung, die weit über das Unterrichten hinausgeht.

Wie denkt, arbeitet, lernt das Kind?

Sehr hilfreich können Ihre Beobachtungen sein, um zu erfahren, wie Ihr Kind denkt und lernt und welche eigenen Methoden der Motivation es bereits besitzt. Neben seinem allgemeinen Arbeitsverhalten ist es dabei wichtig, seine Fehler zu analysieren, nachzuvollziehen, welche Arbeitsstrategien und Lösungsstrategien es hat (auch wenn sie »falsch« sind), z. B. schrittweise nachzuvollziehen, wie es rechnet usw. Auf diese Weise gelingt es, sich in die besondere Denkweise des Kindes hineinzuversetzen und es dort »abzuholen«, wo es steht.
Dann besteht weniger die Gefahr, dass man immer wieder am Kind vorbei redet bzw. vorbei erklärt, sondern man kann den Lernstoff auf seine Weise vermitteln und vielleicht sogar seine besonderen Stärken nutzen.

Ein Kind muss wissen, dass die Eltern zu ihm stehen.

Dabei ist es wichtig, dass das Kind die liebevolle Zuwendung der Eltern spürt, den Teamgedanken erfährt und dabei merkt, dass die Eltern nicht immer »gegen einen« sind und andere Ansprüche haben, sondern hinter ihm stehen.
Wenn das Kind wirklich spürt, dass die Eltern seine Art des Denkens verstehen und sich darauf einlassen wollen, erfährt es auch Wertschätzung; sein Selbstwertgefühl wird gestärkt – wiederum eine wichtige Voraussetzung für erfolgreiches Lernen.
In diesem Zusammenhang ist auch entscheidend, das Kind immer wieder zu loben, positive Rückmeldung zu geben, auch für Teilschritte.

Geplant und zielorientiert lernen

Neben den geeigneten Lerntechniken ist auch die Arbeitshaltung Voraussetzung für »richtiges«, d. h. nachhaltiges Lernen. Dazu gehören Motivation und Konzentration, wie bereits ausgeführt. Aber auch die Fähigkeit zu planen, sich Ziele zu setzen und kontinuierlich in allen Bereichen zu arbeiten, ist dazu unerlässlich. In diesem Kapitel erfahren Sie, wie Sie Ihrem Kind auf der Basis des Wissens um seine individuellen Lernvoraussetzungen und die schulischen Anforderungen zu einer förderlichen Arbeitshaltung verhelfen können.

Die Arbeitshaltung

Dass die Arbeitshaltung, also die Einstellung der Schüler zum Unterricht und zum Lernen, verbesserungsfähig wäre, berichten die meisten Lehrer. Diese unzureichende Arbeitshaltung beklagen auch viele Arbeitgeber bei Auszubildenden.

Vielen Schülern fällt eine konsequente Arbeitshaltung schwer.

Was genau ist damit gemeint? Die Arbeitshaltung eines Schülers drückt sich in seiner Motivation, seiner Ausdauer, seinem Ehrgeiz und Fleiß aus. Sie zeigt sich darin, wie konzentriert er arbeiten kann, wie selbstständig er Aufgaben angeht und lernt. Diese Haltung lässt sich sowohl in der Schule als auch zu Hause erkennen. Sie zeigt sich:

- bei seiner Mitarbeit im Unterricht,
- bei der Erledigung der Hausaufgaben,
- bei seiner Zeitplanung,
- aber auch im Umgang mit Material
- und in seiner Zuverlässigkeit.

Die Arbeitshaltung umfasst letztlich all die Punkte, die in den vorigen Kapiteln besprochen wurden. Dabei ist leicht ersichtlich, dass die Bedeutung der Arbeitshaltung im Laufe einer Schullaufbahn zunimmt. In diesem Zusammenhang muss auch überlegt werden, wie das Kind auf Belastungen, auf höhere Anforderungen in der Schule, auf schlechte Noten oder ein unbefriedigendes Verhältnis mit dem Lehrer reagiert.

Was ist ein Streber?

In diesem Zusammenhang noch ein Wort zum »Image« des Schülers und der möglichen Angst davor, als »Streber« zu gelten. Versuchen Sie Ihrem Kind verständlich zu machen, dass ein Lehrer keineswegs nur die konkreten Leistungen und damit die

Noten eines Schülers wahrnimmt, sondern in besonderer Weise seine Arbeitshaltung. Bereitwilligkeit, Motivation, Mitarbeit schätzen Lehrer sehr, da sie darauf für einen guten Unterricht auch angewiesen sind.
Ein Schüler, der Interesse zeigt, zuverlässig ist und Grundformen der Höflichkeit und des Respekts wahrt, hat einen guten Ruf bei Lehrern und dies hat nichts mit Streberei zu tun. Unter diesen Bedingungen lässt sich bedeutend besser und mit Spaß arbeiten. Der Schüler profitiert auch in seiner Persönlichkeit von diesem positiven Image – zeigt er doch Reife und wird entsprechend behandelt.

Benehmen, Interesse und Respekt haben nichts mit Streberei zu tun.

Kompetenzen erwerben

Besonders gravierend für die gesamte Schullaufbahn sind mangelnde Konzentrationsfähigkeit sowie unzureichende Lesekompetenz. Diese Fähigkeiten sind fächerübergreifend eine Basisvoraussetzung für das Verständnis von Inhalten und den gesamten Lernprozess, und man erwirbt sie in den ersten Schuljahren. Achten Sie daher bei Ihrem Kind besonders darauf, dass es folgende Kompetenzen ausbildet:

- Automatisierung von Grundwissen in Mathematik, flüssiges, sinnerfassendes Lesen, Schreiben und Sich-Ausdrücken
- Umgang mit Lerntechniken
- eine positive, konzentrierte und selbstkritische Arbeitshaltung

Ziele erarbeiten

Langfristiger Schulerfolg ist dann schwer zu erreichen, wenn der Schüler die Einstellung hat: »Kurz vor der Arbeit hämmere ich mir das schon rein«, wenn er also nur punktuell auf den letzten

Die Festlegung von Zielen und ein entsprechender Lernplan verhelfen zum Schulerfolg.

Drücker lernt. Bei reinen Lernthemen kann das einige Zeit funktionieren, doch auch in der Schule ist heute die Fähigkeit zum Transfer gefragt, der Schüler muss den Lernstoff also abstrahieren und dann auf andere Anwendungsbereiche übertragen können. Kurzfristiges Auswendiglernen bringt aus diesem Grund wenig Erfolge.
Dieses Problem stellt sich oft massiv mit Herannahen der Pubertät. Nun treten zunehmend andere Interessen in den Vordergrund, die Schule wird zur Nebensache.

Mit kleinen Schritten mehr erreichen

Wirken Sie dem von den ersten Schulmonaten an entgegen, indem Sie Ihrem Kind helfen, eine positive Einstellung zum Lernen zu bewahren, mit Freude an der Sache, Neugierde und nicht einem »Abarbeiten« unter Druck.
Manchmal kann es vorkommen, dass die Situation bereits so verfahren ist, dass der Schüler meint, er können den Anschluss sowieso nicht mehr schaffen. Dann ist Motivation der wichtigste erste Schritt – durchaus auch mit »Belohnungen«, bei älteren Schülern Zugeständnissen, aber auch klaren Erwartungen und bei Nichtbefolgen die Durchführung angekündigter Sanktionen.

Die Erarbeitung eigener Lernmotive

- Welches sind meine konkreten Ziele?
- Welchen Anspruch habe ich an mich selbst?
- Welche Alternativen habe ich, d. h. was »bringt« es mir, wenn ich mich verweigere?
- Welche Konsequenzen muss ich tragen, wenn ich meine Einstellung beibehalte?

Die Zielsetzung erfolgt in kleinen Schritten: in der nächsten Arbeit von Note fünf auf vier. Auch klare Ziele müssen gesetzt werden, auf die konsequent hingearbeitet werden soll, z. B. »Bis zum Endzeugnis will ich in Mathe von einer Vier auf eine Drei kommen«.
Die Umsetzung erfolgt sofort und zwar täglich, ohne Ausnahmen und Ausreden. Klares Strukturieren des Lernstoffs und bewusste Planung und Zielsetzung sowie Kontrolle von außen sind unerlässlich.
Die besten Lerntechniken und Lernstrategien nutzen gar nichts, wenn die Motivation, das Engagement und der Wille, Ziele zu erreichen, fehlen. Leiten Sie Ihr Kind schon früh dazu an, sich täglich ein Ziel zu setzen, was es heute schaffen will, und dieses konsequent umzusetzen.
Bewährt dazu sind Wochenpläne, in die auch andere Ereignisse, die Zeit und Engagement erfordern, eingetragen werden.

Ein Lerntagebuch führen

Portfolios sind heute eine an Schulen beliebte Dokumentationsmethode der Schülerleistungen. Sie geben Aufschluss über individuelle Bildungsfortschritte. Etwas Ähnliches ist das Lerntagebuch.
Das Kind trägt darin seine persönlichen Lernerfahrungen ein. Es dokumentiert, wie es lernt und übt, was dabei schwer und was leicht gefallen ist. Im Zuge dessen erkennt es Probleme, sieht Fortschritte und kann mit Hilfe der Eltern passende Lernstrategien entwickeln. Das Lerntagebuch kann in einem Heft oder einem Ordner (ohne bzw. mit strukturierten Vorgaben) geführt werden. Leiten Sie Ihr Kind an, ein solches Lerntagebuch eigenständig zu führen.

Im Lerntagebuch reflektiert man seinen eigenen Lernprozess.

Strukturieren und Planen

Voraussetzung für erfolgreiches Lernen ist eine klare Strukturierung der Arbeitsbereiche sowohl in inhaltlicher als auch in zeitlicher Hinsicht. Das wird speziell in den höheren Klassen immer wichtiger. Sonst kann leicht Stress und Zeitdruck entstehen, der Projekte gefährdet und sich auf alle sonstigen Anforderungen auswirken kann. Es geht also darum, Arbeiten gezielt und systematisch anzugehen, Inhalte zu strukturieren und die Arbeitsweise zu planen. All dies ist eine Frage der Selbstorganisation. Hier braucht Ihr Kind bestimmt anfangs Hilfe von außen, von Seiten der Lehrer bzw. Eltern. Die Strukturierung umfasst sowohl die Lernplanung mit ihrem zeitlichen Verlauf (Hausaufgaben am Nachmittag, evtl. Wochenplan, Lernen vor Klassenarbeiten, zusätzliches Üben) als auch die Erarbeitung jedes speziellen Stoffgebietes.

Strukturierung des Lernstoffs

Bringen Sie Ihrem Kind bei, Lernschritte zunehmend selber zu planen.

Bei der Erarbeitung eines Stoffgebietes gilt es, sich zunächst einen Überblick über das Aufgabengebiet zu verschaffen bzw. sich die genaue Fragestellung deutlich zu machen. Dabei braucht das Kind in der Regel Unterstützung. Es ist anfangs von der Komplexität meist überfordert. Viele werden zudem schnell von Verzweiflung (»Das schaffe ich nie!«) ergriffen, was den notwendigen Zugang zur Konzentration noch weiter verbaut.
Das Wichtigste ist:

- in kleine Schritte unterteilen
- Lerninhalte gliedern
- Wesentliches herausarbeiten
- Wiederholungsphasen einplanen

Dabei ist zu beachten, nicht einfach irgendwo anzufangen, sondern zu überlegen, wie man ähnliche Aufgaben schon einmal aufgeteilt und Schritt für Schritt »abgearbeitet« hat. Das ist hilfreicher, als man denkt.
Es geht letztlich darum, die Arbeitsbereiche und Stoffgebiete deutlich zu gliedern und zu unterteilen, evtl. nach 20 Minuten eine Pause zu machen oder die Tätigkeit zu wechseln. Dazwischen bleibt das Kind jedoch »dran«, ohne aufzustehen, wegzulaufen oder etwas anderes zu tun.

Zeitplanung

Zum Planen und Strukturieren gehört auch die Zeitplanung. Gerade bei »Trödlern« (s. S. 51 ff.) ist dieser Lernschritt von vorrangiger Bedeutung. Durch Aufschieben, Trödeln, Sich-Verzetteln verrinnt die Zeit, ohne dass etwas Konstruktives geschafft worden ist. Unzufriedenheit stellt sich ein, senkt die Motivation zusätzlich, irgendwann kommt die Panik oder die völlige Gleichgültigkeit.
Dann funktioniert meistens gar nichts mehr. Zumindest bleiben die für die langfristige Verinnerlichung von Wissen so notwendigen Einüb- und Wiederholungsphasen auf der Strecke.

Leitsatz:
»Wenn ich mit Plan und gezielt lerne, dann habe ich die Sache im Griff.«

Lern- und Zeitpläne

Diese Pläne sind sehr hilfreich, um die Arbeitsgebiete zu strukturieren, die Hausaufgaben einzuteilen, eine Wochenplanung vorzunehmen und »portionsweise« Klassenarbeiten vorzubereiten. Ebenso ist es sinnvoll, auch »angenehme« Termine, wie Sporttermine oder andere Aktivitäten, einzutragen.

Daher gilt es, klare Pläne aufzustellen und einzuhalten – für die Aufteilung der Arbeiten insgesamt, für den Hausaufgabennachmittag, aber auch für einzelne Lernportionen und vor allem die Vorbereitung von Klassenarbeiten oder Referaten. Für Klassenarbeiten muss grundsätzlich systematisch über mehrere Tage hinweg gelernt werden.

Pläne machen ist das eine, Pläne umsetzen, das andere.

Übersichtliche Terminkalender oder Wochenplaner, die man an die Wand hängen kann, können dabei sehr nützlich sein; durch Farben werden darin die verschiedenen Arbeits- sowie Wiederholungsphasen markiert. Diese Form der Visualisierung ist ein Gerüst und hilft, ein Gefühl für Zeit zu entwickeln. Natürlich müssen auch die Pausen deutlich eingetragen werden.

Motivation für den Schulstoff

Die Bedeutung der Motivation fürs Lernen wurde schon umfassend ausgeführt. Am wichtigsten ist es, dass der Stoff vom Kind irgendwie als nützlich anerkannt wird. Die Aufgabenstellung sollte vom Kind als sinnvoll betrachtet werden.
Hier finden Sie ein paar konkrete Tipps, wie Sie Ihr Kind schulisch motivieren können:

- Wecken Sie Interesse am Stoff, indem Sie einen lebensweltlichen Bezug herstellen, ihn also in einen Kontext einbetten.
- Überlegen Sie gemeinsam mit Ihrem Kind. Was hat das Ganze mit seinem Leben zu tun? Lässt sich einmal tatsächlich gar kein Nutzen erkennen, so verdeutlichen Sie Ihrem Kind, dass die Beherrschung des Schulstoffs erforderlich ist, um durch die Schule kommen zu können.
  Wie kann ich dem Stoff auch gefühlsmäßig etwas Positives abgewinnen?
  Wie bekomme ich am besten einen Zugang zu dem Thema?

Klassenarbeiten vorbereiten

Tests, Prüfungen und Klassenarbeiten begleiten nun mal das Schulleben Ihres Kindes. Anders gesagt: Ohne Noten geht es nicht. Diese Lernzielkontrollen erfolgen nach Abschluss eines Themas, sie dienen der Wiederholung des Gelernten und sollen dem Lehrer zeigen, ob der Stoff verstanden wurde. Dabei bilden sie auch eine Grundlage für die Beurteilung des Schülers. Noten überschatten nicht selten die Lernfreude, und viel zu viele Kinder leiden unter Versagensängsten. Ihrem Kind von Anfang an hilfreiche Strategien zum kontinuierlichen Lernen zu vermitteln ebenso wie zur sinnvollen Vorbereitung von Klassenarbeiten ist eine wichtige Unterstützung, weit mehr als das gemeinsame Pauken am Tag »davor«.
Das gelingt durch kontinuierliches Arbeiten und planvolle Vorbereitung auf Tests. In der weiterführenden Schule mit vielen Fächern und komplexeren Themengebieten wird später die bewusste Vorbereitung auf Prüfungen immer wichtiger. Helfen Sie Ihrem Kind, dafür ein Bewusstsein zu entwickeln.

Spickzettel und Skizzen

Sie können Ihrem Kind vorschlagen, einen Spickzettel zu schreiben – den es selbstverständlich nicht mit in die Schule nimmt. Das hat aber dennoch Sinn, denn auf den Spickzetteln fasst Ihr Kind genau das zusammen, was es noch nicht richtig beherrscht. Dabei übt es diesen Stoff, konzentriert sich darauf, fasst ihn in eigenen Worten zusammen. Schaut es nun diesen Spickzettel bei der Vorbereitung regelmäßig an, ist er in der Arbeit tatsächlich überflüssig. Auch Strukturskizzen (s. S. 88) und das Herausarbeiten von Kernsätzen sind eine sinnvolle Vorbereitung auf Klassenarbeiten. Und natürlich das Nutzen von anderen Sinneswegen und neuen Materialien.

Wenn »Spicker« in Tests auch unerlaubt sind – zur Vorbereitung sind sie nützlich.

Lernen im Team

Nicht zu unterschätzen ist das Lernen im Team. Das kann schon von der ersten Klasse an gelingen. Sie haben festgestellt, dass Ihr Kind Dinge besonders gut versteht und sich merken kann, wenn es mit Ihnen darüber spricht. Ermuntern Sie es, solche Lerngruppen auch mit Mitschülern zu bilden. Anfangs können Sie, wenn sich die Gruppe bei Ihnen zu Hause trifft, durchaus ein wenig »moderieren«, Anleitung und Hinweise geben. Aber Sie werden staunen, wie schnell sich die Schüler »emanzipieren«, gemeinsame Lernstrategien finden und diese anwenden.

Als Starthilfe für die Lernphase erweist sich bei vielen ein Wecker als sinnvoll.

Mit anderen lernen

Das Lernen in Kleingruppen von Schülern kann in vielerlei Hinsicht das Alleinlernen ergänzen. Einerseits ermöglicht es eine verschiedenartige Aufarbeitung des Stoffes im Sinne der Lerntypen und damit andere Zugänge. Durch das Darstellen in Zusammenhängen und die Möglichkeit des schnellen Rückfragens wird der Stoff durchdacht und verstanden. Aber auch die Motivation wird gesteigert, es macht mehr Spaß. Somit wird eine positive Einstellung (»Ich will mithalten können«) gefördert.

Abwechslungen schaffen

Durch eine kontinuierliche Arbeitsweise mit Zeitplänen sammeln sich erst gar keine »hohen Berge« an. Dann genügt es, in den Tagen vor der Arbeit gezielt zu wiederholen und das Gelernte in Übungsaufgaben anzuwenden.

Beim längerfristigen Lernen ist es auch ganz wichtig, nicht nur einen klaren Zeitplan zu erstellen und frühzeitig zu beginnen, sondern auch Abwechslung ins Lernen zu bringen (s. S. 76 – Lerntypen). Optische Darstellungen, wie Grafiken, Zeichnungen, auch in Form von Lernpostern, tragen oft zum besseren Verständnis bei und lassen Fakten besser einprägen. Lernposter, auf denen Ihr Kind das Wichtigste, wie z. B. Merksätze oder später Formeln, übersichtlich darstellt, sind zur Vorbereitung auf die Klassenarbeit eine wichtige Hilfe

Entspannung, Vorbereitung, Erfolge

Stress und damit verbundenen »Blackouts« kann Ihr Kind mit erlernten Entspannungsmethoden wie z. B. Yoga vorbeugen. Dazu gehört auch, dem Kind durch Erfolgserlebnisse in verschiedenen Lebensbereichen Selbstbewusstsein und Selbstvertrauen zu vermitteln, so dass es nicht gleich aufgibt und es nicht zu Lernblockaden kommt.

Entspannungsübungen machen den Kopf wieder frei und bauen Prüfungsängste ab.

Nehmen Sie Ihrem Kind vor allem die Angst – seien Sie gleichsam sein »Coach«. Beruhigen Sie es, setzen Sie sich gemeinsam hin und sprechen Sie in aller Ruhe mit ihm durch, was dran kommt.

Dann machen Sie zusammen einen Vorbereitungsplan. Teilen Sie den Stoff gemeinsam ein: Was kannst du schon, was muss wiederholt werden, wo bist du noch unsicher? Auf dieser Basis entsteht unter Einbeziehung eines vernünftigen Zeitmanagements ein Lernplan. Wie viel Lernnachmittage sind erforderlich? Wie lange kann Ihr Kind jeweils an dem Fach arbeiten? In welchen Abständen wird was wiederholt?

Lerneinheiten von etwa 20 Minuten sind bei jüngeren Kindern angemessen, später können sie dann bis 40 Minuten dauern. Vergessen Sie bei der Planung nicht die Pausen und eventuelle Belohnungen.

Eine andere Möglichkeit der optimalen Vorbereitung für höhere Klassenstufen ist die folgende: Lassen Sie Ihr Kind mehrere Aufgaben aus dem Buch auch einmal unter fingierten Klassenarbeitsbedingungen lösen. Es werden ungefähr so viele Aufgaben gestellt, wie in der Arbeit vorkommen, und es soll versuchen, sie in exakt der gleichen Zeit zu lösen.

Helfen Sie Ihrem Kind, die Nerven zu behalten, indem Sie ihm hilfreiche Tricks verraten.

Tipps zur Vorbereitung auf Klassenarbeiten

- Auf Klassenarbeiten lernen ist kein Problem, wenn man von Anfang an strukturiert, geplant und kontinuierlich lernt. So entstehen erst gar keine Wissenslücken. Auch Unklarheiten können von Mal zu Mal gleich mit der Lehrerin geklärt werden.

- Leiten Sie Ihr Kind an, vor Klassenarbeiten genau aufzuschreiben und ggf. auch nachzufragen, was dran kommt. Auf dieser Basis wird ein konkreter Lernplan mit Wiederholungsphasen aufgestellt.

- Je nach Klassenstufe und Komplexität des Stoffgebiets beginnt man eine Woche vor der Arbeit mit der konkreten Vorbereitung. Der Stoff wird klar strukturiert in Lernportionen für die einzelnen Nachmittage aufgeteilt, dabei werden auch Wiederholungsphasen eingeplant.

- Am wirksamstem wird der Stoff verinnerlicht, wenn er im Gespräch mit anderen aufgearbeitet wird. Parallel machen Sie Ihrem Kind Mut, stärken sein Selbstvertrauen und machen es mit Konzentrations- und Entspannungstechniken vertraut.

Prüfungsängsten vorbeugen

Herzklopfen, Übelkeit, feuchte Hände – schon Kinder haben Angst vor Prüfungssituationen oder auch, wenn sie z. B. ein Gedicht vor der Klasse aufsagen sollen. Ein bisschen Aufregung ist nicht schlimm, sondern macht uns alle munter, besonders wach und leistungsfähig. Doch wenn die Aufregung in Angst umschlägt, führt sie zu Blockaden.

- Achten Sie daher unbedingt darauf, dass Sie Ihrem Kind niemals – auch nicht unbewusst – Angst vor schulischen bzw. Prüfungssituationen vermitteln. Hat es selbst schon Ängste oder Unbehagen aufgebaut, sprechen Sie darüber.
- Es ist blockiert? Lassen Sie sich erklären, wovor es genau Angst hat, und versuchen Sie dem zu begegnen. Was kann denn eigentlich schon Schlimmes passieren?
- Zeigen Sie ihm, wie man kleine Entspannungsmethoden anwendet, tief durchatmet, auf drei zählt, schnell an etwas anderes denkt.
- Es hat Angst, sich zu blamieren? Mit ein bisschen Humor, der auch im Alltag und in der Erziehung ein wertvolles Gut ist, lässt sich manche Situation retten. Und Selbstvertrauen baut auch hier vor.
- Tritt regelmäßig Angst auf, forschen Sie nach, in welchen Situationen, in welchen Fächern und warum. Hat diese Angst etwas mit dem Lehrer zu tun? Ist es die Angst vor anderen zu reden, die Angst vor den Mitschülern? Ist möglicher Zeitdruck die Ursache, hat es Angst, dass es in Panik gerät oder steht es zu Hause unter Stress?

Bemühen Sie sich von Anfang an darum, dass sich bei Ihrem Kind keine Ängste entwickeln.

Gehen Sie auf keinen Fall über solche Ängste hinweg oder tun das Ganze einfach ab. Im Zweifelsfall sprechen Sie mit der Lehrerin darüber. Bilden sich starke Ängste aus, beraten Sie sich auch mit dem Kinderarzt, was getan werden kann.

Ängste haben letztlich immer etwas mit einem zu schwachen Selbstwertgefühl zu tun. Daher sind alle Maßnahmen hilfreich, mit denen Sie das Selbstwertgefühl Ihres Kindes im Alltag stärken können: durch die Übertragung kleiner Aufgaben, die es schafft und für die es von Ihnen gelobt wird.

»Normale« Angstsituationen können gut bewältigt werden.

Tipps gegen die Angst

- Ein Mutmacher: Ein kleiner Glücksbringer, z. B. ein besonderer Stein, eine kleine Figur, den das Kind in der Tasche hat, auch mal in die Hand nehmen kann, gibt ihm Sicherheit.
- Durch einen klaren, auf mehrere Tage angelegten Lernplan entsteht Sicherheit.
- Entspannungstechniken wie Atemübungen, eine Yoga-Übung oder Progressive Muskelentspannung sind schon für ein Kind sinnvoll zu erlernen und können in Anspannungssituationen in Kurzform angewandt werden.
- Vermitteln Sie Ihrem Kind Ruhe, damit es sich vor der Arbeit nicht verrückt macht und sich am Tag der Arbeit nicht durch Klassenkameraden verunsichern lässt.
- Zeigen Sie ihm, wie es sich selbst Mut zuspricht: Ich kann das!
- Empfehlen Sie ihm, sich direkt vor der Arbeit zu beschäftigen, z. B. Stifte spitzen oder ein Stück Obst essen.
- Schärfen Sie ihm ein, wenn die Arbeit vor ihm liegt: Nicht gleich hektisch alles durchlesen, sondern langsam Schritt für Schritt, sich dann erst mal zurücklehnen und in Ruhe nachdenken.

Hausaufgaben und Wochenpläne effektiv erledigen

Hausaufgaben gehören nach wie vor zum Familienalltag – manchmal sogar da, wo Kinder diese Aufgaben »eigentlich« während der Hausaufgabenzeit in der Nachmittagsbetreuung einer Ganztagsschule erledigen sollten. Daher soll in diesem Kapitel konkret aufgezeigt werden, wie Sie Ihr Kind zur Erledigung regelmäßiger Hausaufgaben anleiten können. Vorausgesetzt wird dabei, dass das Kind eine traditionelle Halbtagsschule besucht und dass es nachmittags zu Hause von einer engen Bezugsperson betreut wird. Es ist gar nicht so schwer, die bisher behandelten Aspekte konkret umzusetzen.

Die Organisation

Gut geplant ist halb erledigt – das gilt auch für die Hausaufgaben. Ergänzen wir das Ganze durch die Motivation und klare Rahmenbedingungen, dann kann das Hausaufgaben-Machen recht entspannt verlaufen. Verfügt das Kind über eine positive Einstellung, z. B. durch angenehme Rahmenbedingungen und das Bewusstsein, dass Lernen keine Last ist, sondern Neues eröffnet und es weiterbringt, fühlt es sich dabei selber gut. Auch die Aussicht auf gute Noten ist eine durchaus legitime Motivation. Zu den Rahmenbedingungen, die Sie als Eltern wesentlich mitgestalten, gehören ausreichend Zeit, eine gute Planung, ein ruhiger, relativ geordneter Arbeitsplatz und eine weitgehend störungsfreie Atmosphäre.

Regeln befolgen, Beziehungskämpfe vermeiden – in vielen Familien fällt das schwer.

Bei vielen Kindern ist es empfehlenswert, in einem grundsätzlichen Gespräch zu Beginn der Schulzeit eine Art »Hausaufgaben-Regeln« aufzustellen, die den formalen und strukturellen Ablauf der Hausaufgaben festlegen. Das ist besonders sinnvoll bei Kindern, die die Hausaufgaben nicht unbedingt immer gleich zuverlässig und konzentriert erledigen. In diesem Fall ersparen solche Regeln, die strikt gelten, familiäre Spannungen. Es muss dann nicht täglich aufs Neue diskutiert werden.

> Schon zu Beginn der Schulzeit müssen die Hausaufgaben zu einer Art Ritual werden, das Kind muss das Hausaufgaben-Machen akzeptieren lernen.

Zur Organisation gehört auch ganz wesentlich, dass ein Hausaufgabenheft geführt wird. So wird nichts vergessen und man hat schnell einen Überblick. Für die Arbeitsform sollte grundsätzlich gelten: Hausaufgaben werden immer selber erledigt, außer wenn ausdrücklich Partner- oder Gruppenarbeit verlangt

worden ist. Zusätzliches Lernen, z. B. für Klassenarbeiten, ist aber durchaus auch im Team vorteilhaft (s. S. 106).
Gibt es bei den Hausaufgaben regelmäßig Schwierigkeiten, z. B. wenn das Kind die Aufgaben hinauszögert, sich weigert anzufangen, viele Fehler aus Leichtsinn macht? Im Gespräch gelingt es Ihnen vielleicht zu klären, woran es genau liegt. Die Ursachen könnten folgende Gründe haben:

- Nach der Schule sind Grundschüler auf jeden Fall erst einmal müde, geistig schlapp und brauchen eine Pause. Emotionale Zuwendung von Mutter und Vater wäre nun genau das Richtige.
- Oder hat Ihr Kind schon erlebt, dass es durch sein »Hausaufgabentheater« die ganze Familie manipulieren kann, und kostet es diese Macht aus?
- Oder liegt es an der Art der Hausaufgaben: Sind sie zu leicht, zu schwer, zu lang oder auch langweilig?
- Manche Kinder möchten sich direkt nach dem Essen erst einmal entspannen; das Blut zur Verdauung konzentriert sich auf den Magen und wird auch aus dem Gehirn abgezogen. Eine Pause von ungefähr 30–45 Minuten nach einer Mahlzeit ist daher gut, am besten mit ein bisschen Bewegung. Danach ist theoretisch die beste Hausaufgabenzeit.

Sie signalisieren: »Ich verstehe, du willst dich erst mal entspannen«.

Jeder Mensch hat aber auch seinen eigenen Biorhythmus und Leistungskurven, die, wenn das Kind zu Hause ist, durchaus auch beachtet werden wollen. Mitten am Nachmittag haben aber viele Kinder Schwierigkeiten, sich wieder an den Schreibtisch zu setzen, zumal, wenn draußen schönes Wetter lockt und andere Kinder beim Spielen zu hören sind. Natürlich müssen in der Planung auch andere Termine berücksichtigt werden, von denen ein Kind keineswegs täglich welche haben sollte. Auf den Abend geschoben sollten die Hausaufgaben jedoch nicht. Am sinnvollsten ist es, wenn jeden Tag um die gleiche Zeit gelernt

Hausaufgaben sind ein Ritual, sie gehören einfach dazu.

wird – auf diese Weise werden die Hausaufgaben zu einem festen Ritual, was das Umschalten auf Lernen erleichtert.

Die Arbeit mit Wochenplänen

Wochenpläne ersetzen immer häufiger die traditionellen täglichen Hausaufgaben – schon in der Grundschule. Dabei bekommen die Kinder zu Beginn der Woche Aufgaben, die auf den Unterricht abgestimmt sind und die sie im Laufe der Woche erledigen sollen. Das Kind bestimmt das Tempo und die Reihenfolge seiner Arbeit und erwirbt damit Selbstständigkeit. Es muss konzentriert, ausdauernd und zielgerichtet lernen. Wichtig ist eine gute Arbeits- und Zeiteinteilung. In vielen Schulen wird der Wochenplan auch während des Unterrichts bearbeitet, wobei er Pflichtaufgaben und Zusatzaufgaben enthält sowie Aufgaben, die zu Hause bearbeitet werden. In der gebundenen Ganztagesschule wird der Wochenplan, der individuelles Lernen ermöglicht, komplett in der Schule erarbeitet. In der offenen Ganztagesschule und der Halbtagesschule enthält dieser Wochenplan auch Aufgaben für zu Hause. Das Kind kann sozusagen seine »Hausaufgaben« für die ganze Woche selbst entsprechend des Plans einteilen. Hier gibt es Kinder, die am Montag ganz fix den ganzen Plan »abhaken« – allerdings nicht immer sehr gründlich. Andere verschieben die Aufgaben bis zum letzten Tag. In diesem Fall ist eine Begleitung und Anleitung durch die Eltern sehr empfehlenswert. Natürlich sollen die Eltern bei der Ausführung der Arbeiten nicht die Funktion eines Hilfslehrers übernehmen, jedoch können sie ihr Kind in die Einteilung der Aufgaben und der Erstellung eines Zeitplans sowie durch ihr Interesse unterstützen. Die Eltern leiten ihr Kind dann dazu an, den Wochenplan in sinnvolle Teilaufgaben für die einzelnen Tage zu untergliedern, die dann wie tägliche Hausaufgaben erledigt werden. Flexibiliät im

Laufe der Wochen, d.h. ein Umstellen der Aufgaben, wenn es sich als im Laufe der Arbeit als sinnvoll erweist, gehört selbstverständlich dazu. Die Eltern können dann die tägliche Arbeit ihres Kindes verfolgen und erkennen, ob es mehr oder minder erfolgreich entsprechend der Erwartung arbeitet.

Ablenkungen von vornherein ausschalten!

Störquellen am Arbeitsplatz ausschalten

Eine ruhige Arbeitsatmosphäre, die sich aufs Wesentliche beschränkt, ist wünschenswert. Dazu gehört ein Raum mit möglichst wenig Ablenkungen: kein piepender Vogel, kein Blick aus dem Fenster auf eine belebte Umgebung usw. Selbstverständlich befindet sich auf dem Tisch nur das Arbeitsmaterial – keine Spielsachen, Comics und andere Dinge, die zu »willkommenen Nebentätigkeiten« einladen.
Die benötigten Materialien liegen funktionsfähig griffbereit, damit keine Notwendigkeit für »Spaziergänge« besteht. Auch ein Papierkorb wird gebraucht. Der Schreibtischstuhl ist bequem und in der Größe richtig; bei stark bewegungsbedürftigen Kindern eignet sich daneben auch ein Sitzball.

Was benötigt wird – auf einen Blick:

- Schreibtisch in ausreichender Größe
- Stuhl in richtiger Höhe
- gute Beleuchtung
- alle Arbeitsmittel vollständig in Griffweite
- ein Papierkorb
- und vor allem: Ruhe

Motivation herstellen

Neugierde am Thema wecken, Aktivitäten in Aussicht stellen.

Die Motivation ist, wie mehrfach ausgeführt, von vorrangiger Bedeutung für die Erledigung der Hausaufgaben. Grundsätzlich kann der Einstieg über ein Gespräch mit dem Kind, wie der Tag bisher war, was es später noch vorhat usw. erfolgen. Auf dieser Basis erfolgt eine kurze Planung des Nachmittags. Treffen Sie, wenn gar keine andere Motivation »greift«, notfalls einfach die Übereinkunft: »Hausaufgaben müssen gemacht werden, nutzen wir lieber gleich die Zeit, danach könnten wir spielen«.
Ist die Motivation, z.B. bei Kindern mit AD(H)S, besonders schwer, können auch Punkt- und Belohnungssysteme zum Einsatz kommen. Dabei erwirbt das Kind über die Woche hinweg Punkte, wenn es die Hausaufgaben bzw. den Wochenplan ohne Stress erledigt, die dann z.B. am Wochenende durch eine besondere Aktivität eingelöst werden können.

Ziele verfolgen

Daneben soll das Kind bei den Hausaufgaben lernen, sich selbst längerfristig Ziele zu setzen und daraufhin zu arbeiten, z.B. »Ich will in Mathe von einer Vier auf eine Drei kommen«. Die Frage dabei ist: Wo stehe ich – wo will ich hin? Für die Erreichung solcher Ziele werden mit den Kindern gemeinsam Pläne erstellt und Vereinbarungen getroffen (s. S. 102).

Die Zielsetzung wird in Etappen des Lernens aufgeteilt, die regelmäßig gemeinsam überprüft werden:

- Wie weit sind wir auf dem Weg gekommen?
- Haben wir konsequent dafür gearbeitet?
- Ist das Ziel noch realistisch?
- Wie müssen wir unsere Bemühungen anpassen?

Im Laufe der Zeit sollte daneben auch eine immer bessere Form der Selbstinstruktion und Selbstmotivation erlernt werden, in Form eines Mentaltrainings; es geht darum, sich überwinden zu lernen. Unterstützend dabei sind Mutmach-Sprüche wie »Ich schaff das«, »Ich will das«. Dabei lernt das Kind auch, an seine eigenen Stärken zu denken und keine negativen Gedanken zuzulassen.

Die Einteilung der Aufgaben

Zunächst gilt es, die Hausaufgaben oder den Wochenplan gut einzuteilen. Es werden kleine Lernportionen angestrebt, die regelmäßig wiederholt werden. Sinnvoll ist es, bei den Aufgabentypen abzuwechseln, also ähnliche Fächer nicht direkt nacheinander zu erledigen. Sind die Hausaufgaben umfangreicher, werden regelmäßig Pausen eingehalten, am besten wieder mit viel Bewegung. Sie müssen dem Alter des Kindes entsprechen – am besten nach 15 bis 40 Minuten Arbeitszeit. Wiederholungsphasen sollten etwa 15 Minuten dauern, wobei die Sinneskanäle abgewechselt werden.

Der Plan wird systematisch abgearbeitet; er gibt gleichsam den roten Faden vor.

Nun verschafft man sich einen Überblick: Was ist zu leisten? Dabei kann es hilfreich sein, alles auf einem Plan zum späteren Durchstreichen oder auf einzelnen Zettel zum Wegwerfen zu notieren. Eltern und Kind nehmen dann eine gemeinsame Zeiteinschätzung für jede Aufgabe vor. Der »Aufgabenberg« wird in Etappen erklommen. Am Anfang steht eine leichte und interessante Aufgabe (Anwärmphase), danach kommt ein eher schwieriger Abschnitt, dann nochmals etwas Einfacheres und zum Schluss ein richtig unbequemer »Brocken« – denn mit dem Ende vor Augen lässt sich das Schwierige leichter bewältigen. Gleiches gilt für die Wochen- und Monatsplanung, bei der die Vorbereitung auf Klassenarbeiten oder die Erstellung von Referaten bzw. das regelmäßige Wiederholen von Lernstoff,

z. B. Vokabeln, genau eingeteilt wird. Stoffgebiete werden »abgesteckt« und aufgeteilt, also in Lernportionen und Wiederholungsphasen eingeteilt.

Anwendung von Lerntechniken

Hier nochmals eine kurze Übersicht über Arbeitstechniken, die bei den Hausaufgaben regelmäßig angewandt werden können:

- Visualisierung: mitschreiben, gliedern, unterstreichen, ordnen, Bilder, Skizzen, Mind Map erstellen.
- Notizen machen beim Lesen von Texten: Hält die Aufmerksamkeit wach und Wesentliches als Gedächtnishilfe fest.
- Zwischenergebnisse festhalten
- Nachschlagen
- Lernkartei
- Eselsbrücken bauen
- Spickzettel
- Lautes Vorsprechen von Vokabeln oder anderem Lernstoff, Eintippen in Computer, freies Erzählen von Stoffgebieten
- Liste erstellen, abhaken
- Checkliste für wiederkehrende Fehler erstellen (z. B. Rechtschreibung, Zeichensetzung, Rechenfehler)

Schneller lernen, Gedächtnis verbessern, mehr Freizeit genießen.

Sinnvolle Vorgehensweise in höheren Schulklassen:

- Überblick über die Aufgaben verschaffen
- Stoffgebiete bestimmen und strukturieren
- Aufgaben in Portionen einteilen
- Mit Einfacherem beginnen, dann das Schwierigere, zum Abschluss wieder etwas Einfacheres
- Ähnliche Lernstoffe nicht unmittelbar nacheinander lernen
- Jeweils Kerninformationen herausarbeiten und evtl. auf Karteikarten festhalten

- Stoffgebiete in eigenen Worten laut wiedergeben
- Bezüge zu Bekanntem und zwischen Stoffgebieten herstellen
- Möglichst unterschiedliche Lernwege einsetzen: lesen, hören, sehen, darstellen, diskutieren/erzählen, auch zwischen schriftlicher und mündlicher Arbeit abwechseln
- Stoff und Ergebnisse visualisieren
- Eselsbrücken schaffen
- Schon während der ersten Lernphase Wesentliches wiederholen – später dann in regelmäßigen Abständen
- Ergebnisse zusammenfassen
- Pausen dazwischen nicht vergessen, dadurch erhöhen sich Konzentration, Lernwirkung und Behalteneffekt
- Belohnung nach getaner Arbeit

Elf Tipps für die Eltern

1. Finden Sie zunächst heraus, wie es Ihrem Kind im Schulalltag geht, wie sein Biorhythmus aussieht, wann es am Nachmittag ein Tief hat und wann es wieder fit und aufnahmebereit ist.
2. Machen Sie im Vorfeld auch eine Wochenplanung, bei der Sie andere Termine berücksichtigen. Die Hausaufgaben haben aber immer Priorität und werden nicht zwischen andere fixe Termine gepresst, so dass Ihr Kind unter Zeitdruck steht.
3. Hausaufgaben bzw. Lernzeiten sollten ein festes Ritual darstellen, dazu gehört auch ein gleich bleibender äußerer Rahmen: der Arbeitsplatz, die Einstimmung usw.
4. Äußere Störquellen werden natürlich ausgeschaltet (Handy, Fernseher, Musik, spielende Geschwister ...).
5. Die Arbeitszeit mit Pausen wird festgelegt. Richten Sie sich dabei danach, wie lange Ihr Kind sich konzentrieren kann.

6. Achten Sie auf das sorgfältige Führen eines Hausaufgabenheftes und orientieren Sie sich immer daran.
7. Die Hausaufgaben werden »strategisch« angegangen. Mit etwas Leichterem beginnen, wenn man »warm« ist, folgt ein schwieriger Abschnitt, am Schluss wieder Einfacheres.
8. Ideal ist, wenn Sie in der Nähe Ihres Kindes sein können, sich dabei aber selbst konzentriert mit etwas beschäftigen. Es sollte nicht der Fall sein, dass Sie regelmäßig »eingreifbereit« neben ihm sitzen.
9. Wenn Sie helfen, dann sagen Sie ihm nicht einfach den Lösungsweg, sondern versuchen Sie Ihr Kind durch Fragen selbst darauf zu bringen. Auf keinen Fall sollten Sie Ihrem Kind andere Lösungswege als die in der Schule gelehrten beibringen. Dadurch wird es nur verwirrt.
10. Nach Abschluss der Hausaufgaben wird nicht schnell-schnell alles weggepackt, sondern kurz gemeinsam rekapituliert: Was hast du alles gemacht, was fiel leicht, was weniger? Hast du was dazugelernt?
11. Sind die Hausaufgaben erledigt, ist ein gutes Stück Arbeit getan, und das will belohnt werden – durch eine kleine Geschichte, ein gemeinsames Spiel, eine kleine Stärkung. Wenn Sie Ihr Kind loben, fördert das seine Motivation.

Wenn nicht alles glattläuft

Manchmal kristallisieren sich früher oder später doch gravierendere Lernprobleme heraus, vielleicht bemerkbar durch auffälliges Verhalten.
Etwa drei bis sieben Prozent eines Jahrgangs von Schülern leiden unter sogenannten Lernstörungen. Diese können verschiedene Ursachen, auch genetischer Natur, haben und verhindern, dass das Kind seine Leistungen aus eigener Kraft verbessern kann. Frühe Diagnose und Therapie können weitreichenderen Folgen bis hin zu schweren Verhaltensstörungen vorbeugen.

Probleme rund ums Lernen

Lernschwächen, Lernstörungen, Teilleistungsstörungen und andere Begriffe mehr werden verwendet, wenn das Kind beim Lernen spezielle Probleme hat, die nicht einfach auf unzureichende Anstrengungsbereitschaft oder mangelnde Lerntechniken zurückzuführen sind. Für das Kind bedeutet dies eine große Belastung, wird es doch so auf seine Defizite beschränkt, statt in seiner Gesamtleistung beurteilt. Frustration, geringes Selbstwertgefühl und Schulängste können die Folge sein, wenn das spezielle Problem nicht beizeiten angegangen wird.
Schulische Probleme können natürlich auch infolge psychischer Belastungen des Kindes auftreten, z. B. bei Stresssituationen im familiären Umfeld. Diese Ursache sollte immer als Erstes überlegt werden. Auch soziale Probleme mit Mitschülern bis hin zum Mobbing sind gar nicht so selten.
Aber ebenso führen besondere Entwicklungsphasen, wie die Pubertät, häufig zu einem Nachlassen der Motivation.

Lernstörungen

Schwierigkeiten mit der Rechtschreibung, dem Rechnen oder der Konzentration können vorübergehend oder anhaltend auftreten.

Als Lernstörungen bezeichnet man leichtere Beeinträchtigungen des Lernens bei normaler Begabung und Intelligenz. Das im Unterricht vermittelte Wissen wird nicht ausreichend und in angemessener Zeit erworben. Lücken entstehen, Erfolgserlebnisse bleiben aus.
Neben Teilleistungsschwächen bzw. Wahrnehmungsstörungen können auch psychosoziale Komponenten eine Lernstörung verursachen bzw. sie häufig verstärken (z. B. Misserfolge). Auch falsche Lerntechniken und persönliche Krisen können ein Auslöser sein. Dann sind sie oft nur vorübergehender Natur.
Symptome einer Lernstörung sind Motivationsprobleme, Angst (Schul- oder Prüfungsangst), Resignation oder Aggressivität.

Teilleistungsschwächen

Teilleistungen sind grundlegende organische Funktionen bzw. Fähigkeiten, auf denen Sprache, Denken, Rechnen aufgebaut werden. Besteht in einer dieser Grundfunktionen eine Störung, können spätere Lernprobleme die Folge sein. Solche Teilleistungsschwächen werden meist erst offensichtlich, wenn das Kind in die Schule kommt. Doch die Ursachen bestehen in der Regel von Geburt an und liegen in den Besonderheiten der Wahrnehmung und Wahrnehmungsverarbeitung.

Das Zusammenwirken von Teilleistungen

Die Kulturtechniken erlernen wir über die Aufnahme von Informationen. Dies ist zunächst also keine »intellektuelle« Leistung, sondern setzt funktionierende Sinnesorgane und Wahrnehmungen voraus.

- So erfordert das Lesen zunächst visuelle Unterscheidungsfähigkeit, das flüssige Lesen und die Orientierung im Text erfordern zusätzlich Koordination der Augenbewegungen, einen systematischen Wahrnehmungsstil und räumliches Vorstellungsvermögen.
- Das Schreiben erfordert die Fähigkeit zur Abrufbarkeit gespeicherter Wortbilder im Gedächtnis, dazu kommt die Mühe der Schreibbewegung. Beim Diktat muss der Text zusätzlich gehört und Teile im Hörgedächtnis gespeichert werden; dazu müssen akustische Aufnahme und Unterscheidungsfähigkeit gut funktionieren.

Die allgemeine Intelligenz ist nicht betroffen, nur die Leistungsfähigkeit in einem Bereich.

Wenn nun in Teilen der Wahrnehmung und der für die Verarbeitung verantwortlichen Hirnfunktionen Störungen bestehen, kommt es zu einer entsprechenden Teilleistungsschwäche.

Erscheinungsformen

Teilleistungsschwächen gibt es in sehr vielen Varianten und Ausprägungen. Eine genaue Diagnose kann nur der Kinderarzt stellen. Die häufigsten Teilleistungsschwächen betreffen

- das Erfassen des Wesentlichen sowie das Überblicken von Zusammenhängen und Strukturierungsmöglichkeiten,
- die Aufnahme, Verarbeitung und Abspeicherung von gehörten Informationen.

Bei solchen auditiven und visuellen Verarbeitungsstörungen hört und sieht das Kind normal, aber die Verarbeitung im Gehirn verläuft nicht optimal. Feinmotorische Störungen haben Schwierigkeiten in der Graphomotorik, gemeint sind z. B. ein schlechtes, unregelmäßiges Schriftbild und große Anstrengung beim Schreibprozess, zur Folge.
Die mit Abstand häufigsten Teilleistungsschwächen sind Legasthenie und Dyskalkulie. Beide sind weder auf fehlende Lernbereitschaft noch auf verminderte Intelligenz zurückzuführen.

Lese-Rechtschreibschwäche

Bei der Legasthenie, die in ganz unterschiedlichen Schweregraden auftritt, liest das Kind mühsam und stockend, Wörter mit ähnlichen Buchstabenfolgen werden falsch geschrieben, oft bestehen auch Wortfindungsschwierigkeiten. Zudem kann es auch nur unzureichend wiedergeben, was es gelesen hat.
Beim Schreiben, ebenso beim Abschreiben macht es sehr viele Fehler, Wörter werden z. T. nur fragmentarisch geschrieben, gleiche Wörter auch immer wieder unterschiedlich falsch geschrieben. Häufig werden ähnliche Buchstaben vertauscht, wie »b« und »p«. Hinzu kommen Grammatikfehler. Probleme gibt es auch in anderen Fächern, z. B. werden Sachtexte nur schwer erfasst.

Auch in Fremdsprachen tritt die Legasthenieproblematik auf.

Dyskalkulie

Bei einer Rechenschwäche haben die Betroffenen Schwierigkeiten, mit Mengen, Größen und Gewichten umzugehen. Der Zahlenraum bis 100 wird nicht richtig erfasst, Zehnerübergänge werden nicht bewältigt. Raumvorstellung und Orientierung sind beeinträchtigt, d. h. Mengen können nicht richtig abgeschätzt werden und auch das Rechnen mit Maßeinheiten bereitet Komplikationen. Die Zerlegung von Zahlen, Platzhalteraufgaben oder Umkehr-Operationen werden nicht verstanden. Die Umsetzung von Textaufgaben in Rechenoperationen gelingt nicht.

Es wird bis in die weiterführende Schule hinein mit den Fingern gerechnet.

Sofortiges Handeln ist wichtig

Bei Verdacht auf eine Teilleistungsschwäche sollte rasch gehandelt werden. Zunächst suchen Sie natürlich das Gespräch mit der Lehrerin, die bei ähnlicher Vermutung meist eine Empfehlung, wo Sie Ihr Kind behandeln lassen können, geben kann. Sie können sich aber auch an den Kinderarzt wenden, der Ihr Kind dann zu entsprechenden Fachpraxen überweist. Eine klare Diagnose ist unerlässlich, an die sich individuelle Therapieempfehlungen anschließen.

Selbstverständlich bleiben Sie im Gespräch mit der Schule Ihres Kindes, die Sie auch über Möglichkeiten der Unterstützung, aber auch der Entlastung im Unterricht, bei den Hausaufgaben (z. B. teilweise Befreiung von schriftlichen Arbeiten) informieren. So ermöglicht z. B. der sogenannte Legasthenieparagraph, dass die Rechtschreibleistungen bei diagnostizierter Lese-Rechtschreibschwäche aus der Beurteilung des Schülers herausgenommen werden. Auch die Arbeitszeit bei Tests kann auf dieser Basis verlängert werden. Je früher Sie eine Therapie beginnen, je selbstverständlicher Sie das Problem annehmen, umso besser für Ihr Kind und seine Schullaufbahn.

Nützlich kann auch der Austausch in einer Selbsthilfegruppe sein.

Konstruktive Gespräche mit Lehrern

Lehrer sind dankbar für Ihre Hinweise. Sie erleichtern ihnen die Arbeit.

»Meine Lehrerin mag mich nicht«, »Da gehe ich nicht mehr hin«, »Die anderen ärgern mich immer« – solche Klagen von Kindern sollte man, kommen sie häufiger vor, ernst nehmen und nicht abtun. Suchen Sie in einem solchen Fall unbedingt unvoreingenommen das Gespräch mit der Lehrerin. Lassen Sie sich aus ihrer Sicht berichten, wie sie das Kind und seine Leistungen wahrnimmt. Haben Sie den Eindruck, dass hier eine gewisse »Fehlwahrnehmung« stattfindet oder die Lehrerin tatsächlich Ihr Kind in eine bestimmte »Schublade« sortiert, bleiben Sie dennoch ruhig. Machen Sie keinesfalls Vorwürfe. Versuchen Sie nachzuforschen und zu verstehen. Schildern Sie dann Ihr Kind, wie es zu Hause ist und in seinen Bemühungen, den schulischen Anforderungen gerecht zu werden. Meist erweitert das den Horizont der Wahrnehmung und das Kind erhält sozusagen eine neue Chance. Verändert sich nichts, suchen Sie das Gespräch mit weiteren Lehrern Ihres Kindes und lassen sich eventuell auch vom Schulpsychologen beraten.

Das Kind braucht unbedingt den Rückhalt in der Familie und die Förderung auch in anderen Lebensbereichen, die ihm Erfolgserlebnisse und Selbstvertrauen vermitteln.

Wann ist Nachhilfe sinnvoll?

Nicht wenige Eltern wünschen von der Grundschule an eine regelmäßige »Begleitung« ihres Kindes durch Nachhilfe. Sie versprechen sich davon bessere Noten, einen sicheren Übergang aufs Gymnasium. Doch »prophylaktische« Nachhilfe ist keineswegs sinnvoll. In diesem Buch wurde eingehend beschrieben, dass und warum ein Kind selber lernen soll. Denn was es in der Schule begriffen hat, muss nicht nochmals vermittelt werden. Wenn es etwas nicht verstanden hat, sollte es versuchen, durch eigenes Nachdenken und Schlussfolgern aus bereits Bekanntem auf Lösungen zu kommen; gelingt dies nicht, bittet es am nächsten Tag die Lehrerin um Unterstützung.

Schwierigkeiten durch die Pubertät

Vor allem in der Pubertät kann sich die Situation manchmal etwas anders darstellen. In dieser Zeit, in der Jugendliche vorrangig mit anderen Dingen, mit sich selbst, der Welt, ihren Beziehungen zu anderen Menschen beschäftigt sind, können die Leistungsmotivation (s. S. 30), das Interesse sowie die Anstrengungsbereitschaft bei schulischen Dingen gegen Null tendieren. Gleichzeitig besteht noch kein Problembewusstsein für die Folgen. Und so können die schulischen Leistungen leicht in den »roten« Bereich geraten, die Versetzung, manchmal sogar der Schulbesuch gefährdet werden.

Kontakt zur Schule halten

Grundsätzlich ist es wichtig, den Kontakt zur Schule zu halten. Dazu gehört natürlich die Teilnahme an Elternabenden und die Bereitschaft, sich zu engagieren.
Sie dürfen und sollen achtsam gegenüber dem Kind sein und sich bei Bedarf mit dem Lehrer austauschen. So weiß das Kind, dass Sie »dabei« sind und die Lehrer erkennen Ihr Interesse. Unklarheiten, Missverständnisse, Probleme können so frühzeitig geklärt werden. So ist auch Ihr Kind am besten motiviert.

Natürlich sollen Sie nicht ständig beim Lehrer vorstellig werden, aber auf dem Laufenden bleiben.

Auf der Basis allgemeiner erzieherischer Maßnahmen und der Voraussetzung, den Jugendlichen zu »erreichen«, kann dann bei entsprechender Einsicht und Bereitschaft zur Mitarbeit gezielte Nachhilfe sinnvoll sein, damit der Jugendliche überhaupt noch »Land« sieht und eine Aussicht auf Erfolg besteht. Erstellen Sie einen konkreten »Hilfeplan«. In welchen Fächern ist Hilfe notwendig? Wie groß sind die Wissenslücken? Ein überschaubarer Zeitrahmen wird gesteckt und klare Einbindung zur Mitarbeit durch engmaschige Kontrolle sicher gestellt. Sonst besteht die Gefahr, dass der Jugendliche die Nachhilfe einfach nur absitzt und die dahinter liegenden Ziele auch nicht mehr wahrnimmt:

- Will ich diese Klasse schaffen, später die mittlere Reife?
- Will ich doch wieder richtig einsteigen und bis zum Abitur durchhalten?
- Oder will ich eine gute mittlere Reife ablegen, um dann einen Ausbildungsplatz zu finden?

Fundierte zeitlich begrenzte Nachhilfe ist dann sinnvoll, wenn aus bestimmten Gründen – z. B. Krankheit, spezielle Motivationsprobleme, Stress in der Familie – große Wissenslücken bestehen. Eine genaue Bestandsaufnahme sollte zuvor erfolgen.

Eine genaue Analyse der Lernprobleme sowie ein ernsthaftes Hineinversetzen in die Denkweise des Schülers sollten immer am Anfang stehen. Dann ist das Ziel auch erreichbar: nicht für sein Kind zu denken, sondern es zum eigenen Erarbeiten des Stoffes und zum selbstständigen Problemlösen hinzuführen sowie durch häufige Wiederholungsphasen das Erarbeitete zu festigen.